特色课程建设丛书

丛书主编　杨四耕

袁　超◎主编

丰富学习经历

如歌式课程的愿景与深度

华东师范大学出版社

·上海·

图书在版编目(CIP)数据

丰富学习经历：如歌式课程的愿景与深度/袁超主编.
—上海：华东师范大学出版社，2020
（特色课程建设丛书）
ISBN 978 - 7 - 5760 - 0785 - 5

Ⅰ.①丰…　Ⅱ.①袁…　Ⅲ.①课程-教学研究-小学
Ⅳ.①G622.3

中国版本图书馆 CIP 数据核字(2020)第 195455 号

特色课程建设丛书
丰富学习经历：如歌式课程的愿景与深度

丛书主编　杨四耕
主　　编　袁　超
责任编辑　刘　佳
项目编辑　林青荻
责任校对　樊　慧　时东明
装帧设计　卢晓红

出版发行　华东师范大学出版社
社　　址　上海市中山北路 3663 号　邮编 200062
网　　址　www. ecnupress. com. cn
电　　话　021 - 60821666　行政传真 021 - 62572105
客服电话　021 - 62865537　门市(邮购) 电话 021 - 62869887
地　　址　上海市中山北路 3663 号华东师范大学校内先锋路口
网　　店　http://hdsdcbs. tmall. com

印 刷 者　上海锦佳印刷有限公司
开　　本　787×1092　16 开
印　　张　14.25
字　　数　216 千字
版　　次　2020 年 12 月第 1 版
印　　次　2020 年 12 月第 1 次
书　　号　ISBN 978 - 7 - 5760 - 0785 - 5
定　　价　42.00 元

出 版 人　王　焰

(如发现本版图书有印订质量问题，请寄回本社客服中心调换或电话 021 - 62865537 联系)

编委会

丛书总序 走向课程自觉

这是一个焦虑的时代,每一个人都忙忙碌碌;这是一个无坐标的时代,很多人都不知身处何方;这是一个看不见路的时代,大家都不知该如何去面对新的情境;这是一个感觉模糊的时代,对很多事我们缺乏了应有的自觉和反思。

面对这样一个时代,我们需要有起码的文化自觉。在费孝通先生看来,文化自觉是生活在一定文化历史圈子里的人对其文化有"自知之明",并对其发展历程和未来有充分的认识。换言之,文化自觉就是文化的自我觉醒、自我反省和自我创建。

要提升学校课程品质,实现立德树人根本任务,文化自觉是不可或缺的。在我看来,课程领域的文化自觉就是课程自觉,它是人们基于对课程的理性认识,为着课程品质的提升而有清晰的目标意识和科学的路径观念,自觉参与课程变革实践的理性之思与理性之行。

课程自觉是一种有密度的自觉,它不是一个简单概念,而是一种思想、一种行动、一种文化,包含课程自知、课程自在、课程自为、课程自省以及课程自立等基本构成。推进特色课程建设,我们需要怎样的课程自觉呢?

1. 清晰的课程自知。课程自知是人们对特定课程情境的自觉理解,对课程理念和愿景的清晰判断,对课程内容和框架的基本认识,对课程实施路径和方位的整体把握。认识课程,认识自我,这不是一件容易的事。对一位校长来说,课程自知意味着对学校课程规划的整体理解,自觉研判学校文化与课程建构的关系、育人目标与课程架构的关系、资源调配与课程实施的关系;对一位教师来说,课程自知意味着对学科课程群建设的自觉思考,自觉跳出"课程即科目""课程即教学内容"等狭隘的课程观,建立与立德树人要求相适应的崭新课程观。

2. 透彻的课程自在。萨特说:存在先于本质。他曾将存在分为自在的存在和自为的存在,自在的存在是物体同其本身等同的存在,自为的存在是同意识一起扩展的存在。课程自觉需要深刻理解课程自在的文化,需要完整把握课程自在的处境,需要清晰认识课程变革的制度环境和现实可能,进而意识到哪些是可为的,哪些是不可为的;哪些是必须做的,哪些是可选择的;哪些是自己即可为的,哪些是需要制度支持的。

3. 积极的课程自为。按照萨特的观点,自为的存在是自我规定自己存在的。意识是自为的内在结构,自为的存在就是意识面对自我的在场。对课程变革而言,课程主体按照课程发展规律,通过自身的自觉行为和实践实现课程品质的提升,就是课程自为。课程自为意味着我们对课程自在的不满足,意味着我们开动脑筋思考课程变革的空间,意味着我们通过直面本己的课程实践培育新的课程文化,意味着我们在积极的卷入中推进课程深度变革。

4. 深刻的课程自省。课程自省即课程反思。杜威(1933)曾将反思解释为"思,我所思(thinking about thinking)",他鼓励专业人士审思每一个专业判断之下的潜在逻辑。课程变革是一种反思性实践,需要对实践进行反思,再将反思带到新的实践中去。反思性实践是一种主动且持续地审视理论、信念和假设的过程,它可以帮助我们在课程实践中更好地理解自我与他人,选择合适的方式应对可能的情境。课程反思是凌驾于思维之上的更高层次的反思。当你站在既定的框架里去检查这些规则的时候,是无法发现这些规则的问题的;如果你可以跳脱出来,不带评判和预设的去分析这些规则,其中的不妥之处就会被你看到。课程反思是一种能力,当你掌握了这项能力的时候,你就像"觉醒"了一样,一样的世界,你却会有不一样的"看法"。这就是哈贝马斯所谓的"沟通理性"概念,提升课程品质特别需要这样一种理性:反省、批判和论证。

5. 持守的课程自立。《礼记·儒行》:"力行以待取。"每一个人只有在自己的行动中,才能发现自己,才能向世界宣布他具有怎样的价值。课程自立是一个人认识到课程变革是自己的事,要有自己的立场、自己的创见,自持自守,不为外力所动,不随波逐流,进而"回到粗糙的地面"(维特根斯坦语),自觉参与到课程变革中来。课程自立本质上是在课程自知、课程自在、课程自为以及课程自省的作用之下,依靠自己的自觉和力量对课程实践有所贡献,并在此过程中逐渐提升自己的课程能力和专业成熟度,确证自己的"课程人"地位,成为"自己的国王"。

当我们有了清晰的课程自知、透彻的课程自在、积极的课程自为、深刻的课程自省以及持守的课程自立的时候,我们便作为"有创见的主体"主动地介入到课程设计、实施、评价与管理的全过程之中了,学校课程深度变革便自然而然地发生了。

费孝通先生说:"文化自觉是一个艰巨的过程。"让课程意识从"睡眠状态""迷失状态"到"自觉状态",也是一个艰难而痛苦的过程。可喜的是,本套丛书的作者秉持课程自觉之精神,聚焦特色课程建设,在课程自知、课程自在、课程自为、课程自省和课程自立方面掘进,迎来了课程变革的新境界!

杨四耕

2020 年 7 月 3 日于上海市教育科学研究院

目　录

第一章　成美品德：学会过完整的道德生活　/ 1

　　"成美"意为成人之美，成儿童品德之美。"成美品德"以引导儿童热爱生活、学会做人、积极探究、参与社会为核心，让课程植根于儿童生活。"成美品德"旨在让儿童具有正确的价值观，引导儿童更好地适应社会生活，让儿童在充满探究与创造的生活中学会生活，涵养品德，健全人格。

第二章　醇美语文：让儿童享受语文的醇芳与唯美　/ 23

欣赏汉语言文字的音韵美，品析汉语言文字的形意美，发掘汉语言文字的内涵美，领悟汉语言文字的哲理美，感受语文课程内容的醇厚，体会语文学习过程的醇真，浸润语文人文精神的醇和，让儿童享受语文的醇芳与唯美，活化思维，滋养生命，提升境界，这便是"醇美语文"的魅力。

第三章　智美数学：走进智慧与美感并存的数学世界　/ 47

数学是智慧的、美丽而耐人寻味的。它是思想与思想的碰撞，是智慧与智慧的交流，更是情感与情感的浸润。让儿童在问题解决中品味智慧之美，在思维发展中品味逻辑之美，在文化浸润中品味价值之美，在探究创造中品味深刻与理性之美，这便是"智美数学"的灵魂。

第六章　悦美美术：让儿童体验美术活动中的愉悦　

美术课程追求人文性，强调愉悦性。让儿童感受缤纷的色彩，塑造独特的形状，欣赏大自然有趣的肌理，用线条描绘内心的感受，用色彩表达自我的情绪，体会美术活动的乐趣，用心去发现美，用双手创造美，悦己悦人，乐在其中。

第七章　健美体育：让儿童拥有健康体魄和乐观心态　

只有健康的身体和乐观向上的心态，才能拥有幸福感。"健美体育"就是让儿童明白不仅要有身形之美，还应该有心灵之美；引导儿童养成终身锻炼的习惯，强健体魄，丰富运动知识，喜欢上运动；培养儿童积极向上的情感，让儿童成为新时代的"怡美少年"。

第八章　创美科学：让儿童在创新中成长

创新是人工智能时代对教育提出来的挑战。"创美科学"紧贴时代，从儿童的身心出发，把科学的探究作为培养儿童创新能力的重要手段，努力营造一个善思辨、勇探究、重实践、乐创造的学习环境，旨在在孩子稚嫩的心田里播下科学的种子，让儿童在创新中成长。

第九章　探美信息：让儿童在探究中提升信息素养

"探美信息"课程，意在引导儿童在探索实践中感受信息之美。我们的信息技术课程注重引导儿童探究，使儿童在探索中领悟知识的智慧之美，在计算机思维的发展中体验逻辑之美，在互联网的熏陶下品味发现之美，在协作中感受创造之美。本课程让儿童成为学习的主体，从而激发其学习的内驱力。

"行美实践"是让儿童在实践中探寻生活之美，享受家庭之和谐，品味学校之智趣，浸润社区之文脉，传承民族之精魂，胸怀人类之使命，使儿童的认知开出美的花，行为结出美的果，在实践中涵养价值体认美，践行责任担当美，体验问题解决美，实现创意物化美。

前言　生命如歌　追梦美好

　　美丽迷人的广州港,繁华热闹的珠江畔,广州市黄埔区怡园小学坐落于此。学校建于 1989 年,是首批广东省一级学校,先后被评为全国红旗大队,广东省德育示范学校,广东省中小学校长、教师培训基地学校,广州市安全文明校园,广州市语言文字规范化示范校,广州市体育传统项目学校,广州市书法特色学校,广州市智慧校园实验学校等。2013 年,怡园小学成为广州市首批义务教育特色学校,初步形成鲜明的"怡文化"特色。2016 年,学校确立"循序渐进,传承发展"思路和"文化引领,品牌拓展"方略,提出将"怡文化"特色上升为"怡文化"统领。2018 学年,怡园小学共有三个校区,学生约 4 000 人,在"怡文化"办学思想引领下,成立怡园教育集团,实行一体化管理,智慧共生,文化共融,品牌共建。

一、学校课程哲学：倾听生命回响的课程追求

　　在"怡文化"办学思想引领下,我校办学理念为"怡心怡身,至善至美",教育哲学是"怡美教育"。这是怡园小学全体师生共同倡导的精神风貌,共同追求的价值取向,共同遵守的行为规范,共同向往的人生境界。"怡美教育"是引导师生求真、求善、求美的事业,师生在追求真、善、美的过程中促进身心健康,做到知行合一,达到真善美的统一,成为德才兼备、全面发展的人,成为对家庭、对社会、对国家有用的英才。

　　学校遵循教育教学规律和人的成长规律,通过营造安宁的文化氛围,打造美好的校园环境,建设和谐的人际关系,提升快乐的内心感受来成就师生成长的"怡园"。"怡美教育"彰显的不仅是外在的表象,更是内心的体验,是让人从内心散发到外表,又从外表深入内心的神形兼具、知行合一。"怡美教育"昭示着全体师生和睦相处、和谐共进、身心一体、健康成长、快乐进步、愉悦发展,最终达到心旷神怡、至善至美的境界。

　　通过我校的校歌《追梦美好未来》,师生从心底唱响我们的教育信条:我们坚信,生命如歌,每一颗心都激情澎湃;我们坚信,追梦美好,每一个梦都缤纷五彩;我们坚

信，怡心怡身，每一双眼都传递真爱；我们坚信，至善至美，每一份情都童心不改。

依据"怡美教育"教育哲学，我校提出课程理念："生命如歌，追梦美好"。这意味着，我们的课程关注儿童生命成长的需求，唤醒儿童自我生长的动力，追寻生活中真善美的体验。

——课程即美好生活。杜威"教育即生活"、陶行知"生活即教育"的主张，都向我们阐明教育与生活是密切联系、互相融通的。在教育生活中，重要的是要有回归生活世界的意识与人文关怀，使学生的生活变得丰富，让学生的生命得到自然展现。我们的课程"要解放孩子的头脑、双手、脚、空间、时间，使他们充分得到自由的生活，从自由的生活中得到真正的教育"。我们所实施的课程就是"还原孩子生活的本来面目"，既源于生活，寓于生活，又用于生活，服务于生活，不断丰富和积累孩子的生活经验，注重日常生活环境、动手实践环境、探究创造环境的创设，加强学校生活、家庭生活和社会生活的联系，促进每个孩子身体、心理、品德和谐发展，感受和追求生活的美好，求真、求善、求美，充满积极向上的力量。

——课程即快乐分享。分享是一把神奇的钥匙，学会分享就学会了快乐。况且在当今，许多孩子受家庭宠溺的影响容易以自我为中心，学会分享显得尤为重要。我校不仅开展了形式多样的分享互动课程，还把学生之间的合作学习作为评价体系的重要指标之一，以确保学习中的分享交流扎扎实实地开展。例如节庆文化之"秋天的收获"是一场秋色秋实的分享盛会；"走遍中国"、旅游分享让孩子们敞开心扉，尽情展示对祖国大好河山的喜爱；手工课、实践课以小组为单位进行探讨……在分享中学习，在快乐中成长，是对"怡心怡身，至善至美"办学理念的诠释。

——课程即生命追寻。《劝学》有言："人学始知道，不学非自然。"课程应该为学生提供直接或间接认识世界的广阔天地。神奇的知识殿堂等待开启，浩瀚的宇宙就在眼前。孩子们的这段旅程，有独立刺激的自主探索，有教师的循循善诱，也有家长的贴心相伴，必是满载希望和欢乐的生命之行。

——课程即内在生长。每一位学生都有独特的个性和爱好，教育的目的就是通过不同的形式唤醒孩子的自我意识，让孩子做最好的自己。美国发明家爱迪生有言：良好的个性胜于卓越的才智。我们的课程循序渐进，节节开花。我们根据孩子所长成立个性鲜明的社团，开设花样繁多的第二课堂以满足学生的学习需求。一言以蔽之，一切课程皆为学生而设,以促进学生个性的成长为制高点。

总而言之,学校教育的根本使命就是促进学生身心健康发展,实现学生个体从自然人向社会人的转变。怡园小学用爱和智慧积极整合中华民族优秀传统文化和现代文明,整合中西方课程资源的优势,整合学校资源和社会资源的优势,努力把学校打造成学生快乐成长、教师幸福工作的"怡园"。

二、 学校课程体系: 聚焦育人目标的课程框架

我校提出的育人目标是:培养身心健康、品行优良、才智多元、审美高雅的"怡美少年"。具体要求体现在德、智、体、美诸多方面:"怡德"(善礼仪,乐进取,养品行)、"怡智"(善积累,乐学习,养智慧)、"怡身"(善交往,乐运动,养身心)、"怡美"(善才艺,乐创造,养志趣)。

为实现上述育人目标,我校致力于构建怡园小学"如歌式课程"体系,聚焦学生成长核心素养,形成以国家课程为主体的基础性课程,以校本课程为主体的拓展性课程,以特色化课程为发展的个性化课程。基础性课程为学生统一学习的课程内容,重在培养学生的全面素养。拓展性课程是由学生自主选择的学习内容,重在培养学生的兴趣特长。个性化课程重视依据学生特长进行专项培养。从静态层面来看,课程体系围绕学生核心素养和个性化成长需求形成一个统整多维的"同心圆"结构,第一个圆半径囊括国家与地方规定的课程,第二个圆半径涵盖所有的校本化课程,第三个圆半径指代课余及校外一切学习资源,向生活、社会以及网络无限延伸,所有可供学生选择利用的学习资源都可以纳入课程范畴。

依据小学生素质发展要求,我们确立的课程涵盖德、智、体、美的四大核心素养——身心健康、品行优良、才智多元、审美高雅,围绕核心素养提出四育并重——怡养德育、怡乐智育、怡身体育、怡心美育,将学校课程统整为四园结构——健康园、品行园、才智园、审美园。(如图1所示)

图1中,"健康园课程"包含体育、心理等课程群,有游泳、体操、羽毛球、足球、国际象棋、围棋、啦啦操等。"品行园课程"包含思想品德、社会行为等课程群,有礼仪课程、情绪管理课程等。"才智园课程"包含语文、数学、英语、科学等课程群,有拼读、阅读、思维、表达课程等。"审美园课程"包含音乐、美术以及综合艺术等课程群,有编程、绘

图1 如歌式课程结构图

画、管乐、沙画课程等。

我们尊重学生的认知规律,课程内容的设置遵循从易到难、由浅入深、循序渐进的原则,学校课程设置见表1。

表1 "如歌式课程"设置表

课程 \ 年级	健康园课程	品行园课程	才智园课程	审美园课程
一年级	身轻如燕 毽球飞舞 脚底生花 足球小将	礼仪教育 "新"花怒放 井井有条 文明学员	自然观察 快乐科普 萌萌指印 传承剪纸	烂漫蒙学 妙笔生花 绘声绘语 汉字思维
二年级	快乐奔跑 闻鸡起舞 捷足先登 左右摇摆	横平竖直 彬彬有礼 公民教育 画出小世界	趣味彩铅 手绘字体 翩翩起舞 我是歌手	古韵童声 习字修身 绘形绘色 阅读为伴
三年级	悦跳越快 趣捡宝石 乒乓1+1 小球大世界	明理导行 相亲相爱 心理节拍 与你同行	玩转扑克 24点高手 数学文化 数学讲堂	创意阅读 怡墨飘香 话剧社团 我是小导游

续表

课程 年级	健康园课程	品行园课程	才智园课程	审美园课程
四年级	趣味篮球 灌篮高手 百变跳皮筋 足球大将	趣味心理 医学加油站 天天向"尚" 感恩教育	自然拼读 英文阅读 天籁之音 交响音乐会	雅韵传承 我是小记者 艺术编辩 童话世界
五年级	"羽"你同行 "羽"众不同 奔跑吧少年 "棋"开得胜	文史讲堂 与你看世界 谦谦有礼 我"型"我"塑"	电脑绘画 少儿编程 主播在线 怡乐鼓号	唐韵童声 相邀名著 相声世界 辩论协会
六年级	花样轮滑 步步为"赢" 足够精彩 花式投篮	了解自我 一日三省 说茶品茶 励志教育	版画初级 国画入门 水火箭 海洋之谜	琴瑟齐鸣 怡彩岭南 诗词天地 走遍世界

我们尊重学生认知规律,系统、科学地设置一至六年级的课程。具体设置见表2至表7。

表2 一年级课程设置表

课程 维度	课程 安排		课程内容与要求
健康园课程	上册	身轻如燕	1. 在游戏中掌握跳绳技术动作,发展耐力、弹跳、灵敏和协调素质; 2. 提高和改善参与活动的意识和行为,增强学习的主动性和自信。
		毽球飞舞	1. 了解踢毽子的正确方法,掌握一种踢毽子的方法; 2. 初练基本功,做到毽球击中目标。通过练习,体会动作方法,提高身体协调性,发展身体灵敏素质。
	下册	脚底生花	1. 学会身体重心落在支撑脚上,另一脚轻轻地踩在足球上。采取跳换的方式,双脚前脚掌踩球正上方; 2. 进行基本功练习,做到将球停稳; 3. 培养体育竞争意识,促进身心健康发展。
		足球小将	1. 踩线站好,以另一端的线为终点,来回进行行进脚内侧交替击球; 2. 脚背正面颠球的动作要领:脚向前上方摆动,用脚背击球,击球时踝关节固定,击球的下部。

续表

课程维度	课程安排		课程内容与要求
品行园课程	上册	礼仪教育	1. 根据写字教材，端正书写规范和坐姿，养成良好的体态，进行习字修身。教师利用班队会时间对中华传统礼仪进行讲解，使学生知礼懂理，具备基本的礼仪修养； 2. 学会用"谢谢""请""您好"等。
		"新"花怒放	1. 初步学习学校"每月一事"之养成教育训练、文明礼仪课间操，学会主动、正常与人沟通交流的基本日常用语； 2. 会主动向师长问好，行鞠躬礼，学习帮爸妈做力所能及的家务。
	下册	井井有条	1. 训练整理的方式方法； 2. 学会自己整理学习用品和书籍，上学前自己整理好需要带到学校的所有学习用品，不遗漏，不麻烦父母送到学校。
		文明学员	1. 学习上课行为规范； 2. 做到头正、身直、足安；知道"要发言先举手，老师叫你才开口"。
审美园课程	上册	烂漫蒙学	1. 诵读《千字文》《弟子规》《三字经》等蒙学篇章； 2. 能背诵《千字文》《弟子规》《三字经》等蒙学篇章中的经典句子，提高学习兴趣，初步了解文化常识和做人做事的道理，长知识明事理。
		妙笔生花	1. 结合我校写字教材，学习头正、身直、足安的坐姿，学习正确的握笔姿势； 2. 掌握汉字基本笔画的书写方法，初步了解汉字的基本字形结构。教师鼓励学生自己观察、总结、评价，增强其对写字的兴趣和信心。
	下册	绘声绘语	1. 通过音、视频资源的导入，植入各类游戏和操作，利用比赛、游戏等形式学习 26 个字母的音和形；阅读经典的国内外绘本作品，老师讲故事，学生说故事； 2. 学习语言艺术，学会语言技巧及人际交往中的基本礼节。
		汉字思维	1. 学习"汉字思维"系列绘本故事； 2. 了解汉字的文化，热爱汉字学习，在与汉字、与汉字文化的对话中，培养热爱汉语言、汉字的情感和自主识字能力。

课程维度	课程安排		课程内容与要求
才智园课程	上册	自然观察	1. 认识一些常见的小动物和盆栽植物,学习怎样在教室或家庭中设计与布置自然角; 2. 走进自然,在和大自然亲密接触的过程中培养"人与自然和谐共处"的意识。
		快乐科普	1. 通过欣赏自然景观的大幅照片,知道大自然是由天空、陆地、湖泊、雪山、森林草原等组成的,大自然是美丽的、可爱的; 2. 观察生活中常见的现象,理解它们发生的原因以及相关原理在生活中的应用。
	下册	萌萌指印	1. 手指会变魔术,通过欣赏了解学习指印、手印画,展开联想,进行适当添画,拓展对绘画表现形式的认知面; 2. 培养想象力和初步的艺术设计能力,培养丰富的造型能力,培养与人合作的情感。
		传承剪纸	1. 剪纸是一种用剪刀在纸上剪刻花纹用于装饰生活的民间艺术,发现生活中美的形象与图案,用自己喜欢的方法,制作有趣的对称图案; 2. 学习剪纸,欣赏我国民间剪纸艺术,对自己的创作充满信心,增强对于传统文化的认识和了解。

表3　二年级课程设置表

课程维度	课程安排		课程内容与要求
健康园课程	上册	快乐奔跑	1. 进行原地小步跑和高抬腿跑练习,同时要配合摆臂练习一起进行; 2. 积极进行起跑和加速跑练习,对自己在练习中的表现和老师的评价满意,并有成功的感觉。
		闻鸡起舞	1. 初练柔韧操,锻炼身体协调性,能舒展自己的韧带,将动作做到位,使自己的柔韧性提高; 2. 能发展灵敏、协调、力量等素质,培养团结协作的品质和集体主义精神。

课程维度	课程安排		课程内容与要求
	下册	捷足先登	1. 在跑动中运用钻、跨、跳、绕安全地通过障碍,锻炼脑、眼、手的协调; 2. 能在练习中体验灵巧与全身协调,发展速度、耐力等体能以及合作能力。
		左右摇摆	1. 通过练习,熟悉圈的特点,在丰富多彩的呼啦圈活动中锻炼身体,娱乐身心,掌握呼啦圈的基本技巧; 2. 尝试"小组合作学习"的方法要求,并通过自主探索创编游戏,达到启智、增智的目的,培养和改善自编、自练、自评及自我管理的综合体育运动能力。
品行园课程	上册	横平竖直	1. 学习书写认真工整的作业,促使养成认真书写的习惯; 2. 热爱汉字,热爱传统文化,爱护书本,作业工整。
		彬彬有礼	1. 观看礼仪视频或者情景表演; 2. 学会课上先举手后发言,课间轻声慢步靠右行,在别人遇到困难时懂得关心,以助人为乐为荣。
	下册	公民教育	1. 进行安全演练; 2. 在遇到如地震、火灾、台风等灾害时,懂得如何应对和保护自己。
		画出小世界	1. 学会简笔画的基本技巧; 2. 学会用画画的方式表达自己的兴趣和喜好,让别人更加了解自己。
审美园课程	上册	古韵童声	1. 吟唱古诗,传承经典,中国的儿童要熟读中国的诗篇。能正确、流利、有感情地朗读诗歌,背诵诗歌; 2. 能感受诗句中营造的充满童趣的意境,能从中感受到诗人对生活的热爱,充分发挥想象力,并在课堂中培养表演才能和合作精神。
		习字修身	1. 了解、掌握更多的常见字,正确、规范地书写含有特定笔画的汉字; 2. 养成在生活中识字的习惯,乐于与他人分享识字的乐趣,学会正确的写字姿势,养成认真书写的好习惯,感受文字的形体美。
	下册	绘形绘色	1. 阅读经典的国内外绘本作品;教师利用"猜"故事,"说"故事,"讲"故事等多种形式引起孩子的阅读动力;老师讲故事,学生说故事; 2. 学习语言表达艺术,学会语言技巧及人际交往中的基本礼节,提升阅读质量,学会领悟。

课程维度	课程安排		课程内容与要求
	下册	阅读为伴	1. 通过朗读以喜欢的小动物为主角的小童话故事,在生动有趣的故事中接受知识的灌溉,感受语言文字的美,积累语言; 2. 养成亲子阅读的好习惯,养成基本的阅读习惯,坚持每天阅读,在阅读中感到愉悦,感受祖国语言文字的美,领悟做人的一些道理。
才智园课程	上册	趣味彩铅	1. 彩铅是一种综合了素描和水彩的绘画形式,色彩丰富,符合儿童的年龄特征,深受儿童喜爱。认识彩铅绘画的工具,进行彩铅绘画技巧的基本功训练; 2. 通过学习与练习,能用彩铅绘画方式展现内心的美好画面。
		手绘字体	1. 认识手绘的工具,进行手绘技巧的基本功训练; 2. 熟练掌握手绘的绘画技巧并运用到画面中,充分发挥想象力,融合汉字和美术的艺术特征。
	下册	翩翩起舞	1. 掌握几种跑跳步的方法,单双脚跳的起跳和落地的方法,锻炼心肺功能,发展腿部力量和身体灵敏性、协调性,学会简单的跳跃动作; 2. 借助舞蹈的桥梁,学会大胆地展现自我、表演自我,舞起来!
		我是歌手	1. 通过欣赏和学唱相关的音乐作品,进行音乐表演和音乐创造活动,培养对大自然的感情,丰富对音乐的感受; 2. 欣赏动听的歌曲,倾听悦耳的音符,唱出心中的歌声。用强弱不同的力度演唱歌曲,试唱歌曲唱名,随音乐进行表演。

表4 三年级课程设置表

课程维度	课程安排		课程内容与要求
健康园课程	上册	悦跳越快	1. 初步学习跳双长绳和长绳内跳短绳;练习一分钟内的花式跳绳; 2. 学会在活动中与同伴合理分配角色。
		趣捡宝石	1. 有任务牌的宝石分布在各个角落,要在有限的时间内找出; 2. 考察脑、眼、腿、手等部位的协调及快速反应能力。

课程维度	课程安排		课程内容与要求
	下册	乒乓1+1	1. 掌握球性、基本的站位、基本的发球技术,培养正反手推挡能力和比赛能力; 2. 积极参加到学习中,并大胆向同学展示自己的动作。在学习中充分展现自我,增强自信心和意志品质,得到成功的喜悦。
		小球大世界	1. 持拍颠球,球在拍上垂直连续弹起;对墙击球练习球拍接回球时的角度控制; 2. 进行小组对抗赛,磨炼心理品质,积累临场比赛的经验。
品行园课程	上册	明理导行	1. 学做安全小卫士,为低年级的弟弟妹妹讲解学校的常规要求,并做出榜样; 2. 在学校活动和日常生活中,帮助低年级的弟弟妹妹。
		相亲相爱	1. 学习同学间发生小纠纷时恰当的处理方法; 2. 知道当同学需要帮助时,应主动帮忙,懂得关心别人,把同学当作家人一样爱护。
	下册	心理节拍	1. 了解歌声可以缓解自己的情绪,喜欢听舒缓、轻松的歌; 2. 学会欣赏一些世界名曲,并且能简单描述自己听到这些歌曲时的心情。
		与你同行	1. 了解学校和家庭生活中的安全注意事项; 2. 懂得怎样做能交到好朋友,能帮父母做一些简单的家务。
审美园课程	上册	创意阅读	1. 通过制作图书卡、书签、简报和课本剧表演等形式开展个人阅读、全班共读、师生共读; 2. 学会制作创意金字塔,形成自己的创意阅读风格。
		怡墨飘香	1. 了解笔墨纸砚,学习中国传统软笔书法的基本技巧; 2. 会用毛笔书写笔画简单的汉字,形成对传统文化的向往和热爱。
	下册	话剧社团	1. 进行话剧对白与普通话练习,加强肢体语言、表情与无实物表演练习; 2. 学会观察和思考生活,把对身边发生的事件的看法通过表演的形式展现出来,把握自己的表演任务,激发参加戏剧表演活动的积极性。

课程 维度	课程 安排		课程内容与要求
	下册	我是小导游	1. 培养收集、积累和初步运用信息的能力,了解家乡的风土人情及地方特色; 2. 分享自己家乡的特色或者自己去过的地方,感受中国地域辽阔,不同地区有不同的服饰和不同的饮食,感受祖国,赞美祖国,热爱祖国,立志为祖国做贡献。
才智园课程	上册	玩转扑克	1. 扑克牌蕴含着丰富的数学知识,能够启迪思维,培养探究能力和创新精神; 2. 通过分组比赛的形式,充分调动学习的积极性,激发学习数学的兴趣。
		24点高手	1. 棋牌类益智游戏,要求结果等于24。通过探究、尝试,掌握算24点的基本方法,在加、减、乘、除口算练习中,进一步提高口算能力; 2. 总结出算24点的基本方法,通过活动培养合作精神和创新意识,激发学习数学的兴趣,个性化学习问题解决。
	下册	数学文化	1. 在认识数的过程中,说一说自己身边的数、生活中用到的数、如何用数表示周围的事物等,感到数学就在自己身边,运用数可以简单明了地表示许多现象; 2. 感受数学文化,体验缤纷世界,学会用数学思考,学会用数学的方法理解和解释现实问题。
		数学讲堂	1. 开放小教室,师生角色互换,分层拓展,把生活中的鲜活题材引入数学学习的大课堂; 2. 学会在自主探索和合作交流的过程中真正理解和掌握基本的数学知识与技能、数学思想和方法,获得广泛的数学活动经验。

表5 四年级课程设置表

课程 维度	课程 安排		课程内容与要求
健康园课程	上册	趣味篮球	1. 进行体能训练,初步学习原地运球技术,明白原地运球的动作技术要领; 2. 培养遵守规则的意识、团队合作的能力,增强集体荣誉感及提高对篮球的兴趣。

续表

课程维度	课程安排	课程内容与要求	
	上册	灌篮高手	1. 体验篮球的原地运球动作,熟悉球性,感知篮球的原地运球技术,提高运球的能力,感受篮球的乐趣; 2. 培养不畏艰困、敢于创新、展现自我、互尊互爱、团结协作的精神。
	下册	百变跳皮筋	1. 了解民俗传统体育项目跳皮筋的作用,学习掌握跳皮筋的基本动作; 2. 开动脑筋,锻炼花式脚法,培养与同伴合作的沟通能力。
		足球大将	1. 学习花样足球技巧,学习脚弓、脚背正面、外脚背传球的基本知识和技术,学习支撑脚站位,学会如何用力,掌握触球部位,进行攻防训练; 2. 培养自主学习、探究学习的能力和团结协作、勇敢果断、勇于展示自我的优良品质。
品行园课程	上册	趣味心理	1. 通过绘图、小测试、小游戏、团体辅导,更好地了解自己; 2. 遇到事情时,学会调节自己的情绪,以积极的心态面对。
		医学加油站	1. 初步学习生活中常见医学问题的处理办法; 2. 知道发生烫伤、被宠物咬伤等事件后的处理方法。
	下册	天天向"尚"	1. 学习社会主义核心价值观; 2. 每天做一件让别人或者让自己快乐的事,说一说班级同学的优点。
		感恩教育	1. 了解世界上还有很多地区缺衣少食,还有儿童饱受战争的困扰; 2. 珍惜粮食、珍爱生命,尊敬师长,孝顺父母,关心身边人。
	专项	怡心驿站(国旗夏令营)	1. 通过夏令营活动,熟悉国旗仪仗队的组织和分工; 2. 弘扬爱国传统,培育民族精神,感受祖国的伟大力量,增强其民族自尊心和自豪感。
审美园课程	上册	雅韵传承	1. 学习校本课程《论语中的成语》,了解古代圣贤的思想和智慧,初步把握经典诵读的方式,能用普通话准确、流利、有感情地诵读; 2. 能说出书中的一些成语,从中得到语音、词汇、修辞的训练,喜欢经典文章,感受中华优秀传统文化的精髓。
		我是小记者	1. 对小记者这个身份有初步的了解和正确的认识,掌握小记者采访具备的基本礼仪条件; 2. 留意发生在身边的新闻,学会播报校园好人好事,学会写简短的消息,学会采访别人。

课程维度	课程安排		课程内容与要求
才智园课程	下册	艺术编辫	1. 了解艺术设计在生活中的重要作用,培养手眼协调能力; 2. 设计不同场合、不同年龄、不同职业的人的发型,尝试编辫子,知道如何编辫子,体验编辫子的乐趣。
		童话世界	1. 读童话、品童话、演童话、写童话,在一系列活动中,感悟童话之美; 2. 在品读故事中,提高语言表达能力、想象能力,形成初步的鉴赏能力。在阅读的过程中体会读书的快乐,阅读的乐趣。
	上册	自然拼读	1. 通过拼读法的学习可以自行看词能拼、听音能辨、听音能写; 2. 学会拼读单词,提高记忆单词的兴趣,降低学习英语和拼写单词的困难度,发展拼读能力,培养阅读素养,玩转英语。
		英文阅读	1. 教师结合文本的视觉和影视的视觉,使学生产生欣赏的欲望,然后以学生的潜心阅读为主开展教学活动; 2. 拼读原汁原味的地道英语,提高英语语言素养。
	下册	天籁之音	1. 通过呼吸训练,学生逐步学会科学地使用气息歌唱。两声部合唱,先唱乐谱,后填词。做到声音高而不挤,低而不压,弱而不虚,强而不炸; 2. 培养合唱力,增强合作能力,提高集体的凝聚力,分享和传承合唱艺术的魅力和使命,使学生在合唱学习中提高音乐素养。
		交响音乐会	1. 知道乐团有一群铜管乐器、木管乐器、打击乐器所组成的乐器合奏团体,了解四部和声的构成原则,学会简单的声部合成与演奏; 2. 充分理解、领会作曲家的创造意图,表现音乐意境,提高审美情趣。

表6 五年级课程设置表

课程维度	课程安排		课程内容与要求
健康园课程	上册	"羽"你同行	1. 通过羽毛球挥拍动作的教学,培养正确的击球方法,发展其协调、灵敏等素质; 2. 练习接发球的基本技巧,从而热爱这项运动。
		"羽"众不同	1. 学习羽毛球下手挥拍技术,手腕向上挑球动作,通过小组合作练习,增强与同伴的配合能力; 2. 通过游戏,培养机智、果断的品质和团结合作、齐心协力的精神。

课程维度	课程安排		课程内容与要求
	下册	奔跑吧少年	1. 初步掌握50米、100米、200米等快速跑的动作要领,增强上下肢力量,发展灵敏、速度、协调、力量等素质; 2. 激发创新欲望,培养克服困难、积极进取的精神和刻苦锻炼、勤奋好学的良好品质,增强体质和意志力。
		"棋"开得胜	1. 了解围棋文化,学习围棋的基本知识,学习掌握围棋的提子规则,掌握禁入点、虎口、打劫、打二还一、打多还一的概念、形状、规定; 2. 围绕某一种招式展开练习,通过小组合作学习培养进取精神,提高竞争意识。
品行园课程	上册	文史讲堂	1. 了解中国历史大事件和世界历史大事件; 2. 学会正确评价历史事件,对当今的世界发展有基本的认识。
		与你看世界	1. 欣赏中外优秀儿童电影; 2. 培养想象力和一定的价值判断力,学会换个角度看世界。
	下册	谦谦有礼	1. 学习《小学生日常行为规范》; 2. 了解同学在校园学习生活中的难处,理解别人不同的处事方式,尊重和自己不一样的人,遇到事情学会换个角度思考。
		我"型"我"塑"	1. 了解性格对于人一生的重要作用; 2. 努力在生活中养成吃苦耐劳、勤学乐学的好品质。
审美园课程	上册	唐韵童声	1. 和一千年前的古人来一场时空对话,品味汉语之美,感悟诗歌的内容,想象诗歌所描绘的情景,体会祖国的山河壮阔,感悟朋友之间的深厚友谊; 2. 激起对祖国诗歌的热爱之情,充分发挥想象力,并在课堂中培养表演才能与合作精神,培养课外主动积累诗歌的良好习惯。
		相邀名著	1. 世间洞明皆学问,人情练达即文章。多读经典,启迪人生智慧,通过活动(名著故事会、精彩片段选读)感受名著的艺术魅力,然后教师以学生的潜心阅读为主开展教学活动; 2. 了解阅读名著的基本方法,培养感受、理解、欣赏和评价的能力,树立"艰苦奋斗、坚持不懈地实现某一崇高的目标"的积极人生观。
	下册	相声世界	1. 相声是中国传统的文艺形式,说相声不仅锻炼口才,而且有助于提高学生对于问题的思考深度,让学生接触相声,浅了解相声; 2. 了解相声的表演形式和使用的道具,欣赏传统相声,从中学到做人的道理。

课程 维度	课程 安排		课程内容与要求
	下册	辩论协会	1. 了解辩论过程,练习有理有据地说明问题,坚持和证明自己的观点;同时,锻炼倾听别人发言、抓住要点快速应对的能力; 2. 开展小组辩论,使思想碰撞,学习兼听各方意见,明辨是非,学会全面地认识问题的思想方法,学习与他人合作,增强团队意识。
才 智 园 课 程	上册	电脑绘画	1. 了解工具箱上的"直线""矩形""圆角矩形""椭圆""铅笔""橡皮""用颜色填充"工具的应用; 2. 知道电脑绘画不同于一般的纸上绘画,首先要有好的创意和构思,来表现丰富多彩的生活,同时学会工具箱中工具的使用和颜料盒颜色的选取。
		少儿编程	1. 教师在实践教学中以图片、视频作为辅助教材,将教学内容与实践相结合; 2. 了解编程软件,学会制作原创互动故事、游戏、动漫等的编程方法,体验编程的无限乐趣。
	下册	主播在线	1. 训练基本功(发音、吐字、气息、形体、绕口令),加强技能训练(儿童诗朗诵、故事表演、相声、小品剧、演讲); 2. 学会校园播报的基本技巧,参观广播站,了解广播员的播报情景并进行一次播报。
		怡乐鼓号	1. 零基础学习旗手、护旗手的动作规范,以及大鼓、小鼓、小号的演奏; 2. 通过训练,能够熟练自如地演奏各自的乐器,并能承担学校迎宾和大型活动奏乐的重任。

表 7　六年级课程设置表

课程 维度	课程 安排		课程内容与要求
健 康 园 课 程	上册	花样轮滑	1. 通过陆地模仿练习基本站立、摔倒与站起、移动重心、侧向迈步、行走技术,培养协调性、平衡性、掌握轮滑的基本技巧; 2. 通过游戏及分组练习加强动作技术能力,学会正确的滑行姿势,学会保护身体。

续表

课程维度	课程安排		课程内容与要求
	上册	步步为"赢"	1. 通过观察和练习,掌握跳高丈量步点的方法,提高助跑效率; 2. 掌握跳高完整技术,发展跳跃和协调能力,增强身体协调性和柔韧度。
	下册	足够精彩	1. 通过练习了解和完成脚背内侧踢球的动作,并具有一定的准确性,通过学习直线运球的基本技术基本掌握踢直线运球技术; 2. 教师组织年级足球赛,通过各种类型的下肢力量练习发展学生的下肢力量及身体素质。
		花式投篮	1. 能了解双手胸前传接球的动作方法,做出双手胸前传接球动作,主动参与运球游戏练习,在反复的练习中形成能力; 2. 发展反应速度、灵敏协调能力,增强身体弹跳性,在自主练习中学会合作、学会评价,体验篮球运动的乐趣和成功的愉悦。
品行园课程	上册	了解自我	1. 通过历史事件或者新闻事件,了解性格在人的生活中有重大作用; 2. 知道自己在学校生活以及与人相处方面的优缺点,知道怎样扬长避短。
		一日三省	1. 通过名人故事,了解反思的重要性; 2. 学会反思自己是否珍惜时间,是否学有所成,是否及时完成了自己的学习计划。
	下册	说茶品茶	1. 了解中国传统的茶文化; 2. 学会辨别不同的茶,学会沏茶的礼仪。
		励志教育	1. 了解古今中外名人的故事; 2. 调整自己的心态,准备迎接升入中学的变化,立下志向,并为之刻苦努力拼搏。
	专项	怡心驿站(粤喀"手拉手,心连心")	1. 了解各民族小伙伴的学习生活情况,主动结交其他民族的好朋友,相互勉励,相互帮助,增强各民族小伙伴的相互了解; 2. 初步了解其他民族文化,培养民族团结、热爱祖国的意识。
审美园课程	上册	琴瑟齐鸣	1. 学习小提琴和大提琴的演奏,以古典演奏的学习方法为主,通过观看教师示范以及讲解,理解专业术语的音乐含义; 2. 体会弦乐柔美如歌的特征,提高音乐感受力和表现力,培养合作意识。

课程维度	课程安排		课程内容与要求
才智园课程	上册	怡彩岭南	1. 知道岭南文化涵盖绘画、戏曲、建筑、语言、饮食等方面,会用艺术的方法去认识它们; 2. 了解岭南民俗的形成过程、特点以及与百越古族、中原文化的关系及区别;对岭南民间文化有一个大概的认识,掌握岭南民间文化的特点,培养热爱家乡的情感。
	下册	诗词天地	1. 阅读品味经典名篇,从上古的民歌选集《诗经》,到唐诗宋词元曲,初步识得中华民族文化宝库里最璀璨的明珠; 2. 通过背诵比赛、飞花令等多种形式展开竞赛;进行简单的诗词创作。
		走遍世界	1. 了解世界各地有代表性的城市、建筑、美食、服饰、习俗等,形成对于世界的初步认识; 2. 选取自己最感兴趣的一座外国城市,设计和家人的出游攻略。
	上册	版画初级	1. 探寻版画的奥秘,走进版画的世界,学习简单的绘画构图方法、简单的透视知识、结构比例知识以及对比、调和等色彩知识; 2. 结合传统艺术中的色彩运用方法进行绘制实践,学会泥塑、纸雕等方法,制作作品。记录与表现所见所闻、所感所想,发展美术构思与创作的能力,传递自己的思想和情感。
		国画入门	1. 了解准备材料:中国画颜料、墨汁、毛笔若干支(一支狼毫小笔用于勾勒线条,一支羊毫用于点、染色,如大白云)、调色盘、水罐、毛毡、八开生宣纸。掌握水墨画中对于笔和水的认知,了解国画创作的基本技法; 2. 学习中国画写意菊花的简单画法和花卉的技巧特点,用写意国画表现菊花;激发热爱祖国,珍惜今天幸福生活的情感。
	下册	水火箭	1. 教师以竞赛的方式组织教学,实行任务驱动进行组内合作和组间竞争。"水火箭"是走进物理学的经典案例,可以培养学生对于物理学习的兴趣; 2. 小组合作制作一个水火箭模型,要求射程最少 10 米。
		海洋之谜	1. 知道蔚蓝深邃的大海里面有无穷的宝藏,掌握我国海洋资源的利用类型,了解海洋空间的利用和海洋资源保护的意义; 2. 身处广州港旁,学会珍惜和保护海洋资源,树立合理开发利用保护海洋资源的观念、海洋意识和可持续发展观。

三、 学校课程实施： 丰富学习经历的课程实践

我校"怡美教育"引领下的"如歌式课程"，以国家课程高质量校本化为基础，开发了与学生内在发展与需求相一致的丰富多彩、广受欢迎的校本化课程，形成"国家课程校本化——校本课程特色化——特色课程常态化——常态课程品质化"的课程建设路径。

我校构建"怡美课堂"，提升课程实施品质；创建"怡美节日"，推进节庆文化课程的实施；创设"怡美社团"，推进社团活动课程的实施；丰富"怡美文化"，推进仪式教育课程的实施；聚焦"怡美专题"，推进主题教育课程的实施；建设"怡创空间"，落实创客教育课程。

我们推进"怡美学科"建设，"怡美学科"以基础学科为根，着眼于学生素养发展，建立"1+X"学科课程群。我们学校一系列特色学科逐步形成："成美品德、醇美语文、智美数学、卓美英语、韵美音乐、悦美美术、健美体育、创美科学、探美信息、行美实践"十大课程群：

① 品德：成美品德。"成美品德"以学生社会生活为基础，促进学生良好品德的形成和社会性发展，为学生认识社会、参与社会、适应社会，具有爱心、责任心、良好的行为习惯和个性品质奠定基础；尊重儿童的生活，对儿童的教育和引导有明确的方向性。学生通过参加校内集体活动和校外献爱心等活动，在心中种植正气阳光的种子，每次活动有详细的计划、清晰的目的、安全的操作、积极的反思。

② 语文：醇美语文。"醇美语文"的课程理念就是让儿童享受语文的醇芳与唯美。"醇美语文"散发着醇厚之美，关注学生语文基础知识能力的获取和学习习惯的养成。通过整合课程资源、构建"醇美课堂"，激发学生学习祖国语言文字、传承优秀中华文化，促进学生语文素养全面发展，培养学生健康向上的品格，使学生更好地适应时代发展的需求。我校将国学诵读与课外阅读纳入教学常规，随着实践的不断深入，学校逐步将国学诵读与课外阅读进行课程化，形成独特品牌：从学校层面保证国学诵读时间、确定内容、提供平台；年级层面撰写国学诵读课程纲要，做到课程目标清晰、课程内容明确、课程开发丰富、课程时间落实、课程评价多样。根据学生的学习兴趣、个性发

展改进拓展课程的实施,通过阅读素养的培养潜移默化地带动学生成绩的提高,注重培养学生综合能力的发展。借助学校主题活动、每月活动平台激励学生、展示学生个性,科组积极开展丰富多样的科组活动,为学生和教师的拓展课程发展提供研讨的舞台,营造积极、活泼、追求卓越的"醇美语文"学习氛围。

③ 数学:智美数学。"智美数学"让学生走进智慧与理性并存的数学世界,在问题解决中品味生活的智慧之美,在思维发展中品味数学的逻辑之美,在数学文化教育中体会价值之美,在创造中品味数学之美。为了实现"让课堂充满活力,让师生充满激情,让学习充满快乐"的目标,教师们积极探索与实践,依据不同的教学内容、学生的实际状况,运用多种教学策略与手段来激发学生的学习内驱力,努力提升课堂教学效益。数学科组主要采取的是参与式解答、题组递进、问题情境等课堂教学形式促进学生有效学习。

④ 英语:卓美英语。"卓美英语"立足于英语之根,遵循英语教育的规律,致力于学生英语素养的形成和发展,致力于提升学生的语言能力、文化品格、思维品质、学习能力四项英语学科核心素养,构建独特的"怡美英语课堂",使学生在语用知识传授与整合式学习中发展英语语言能力,在跨文化沟通与交际中发展文化品格,通过课堂、课后作业设计促进思维品质发展,通过多媒体、互联网等多种方式促进英语学习能力发展。学科组紧跟最新英语教学潮流,敢于探索新方法,更新教学理念和教学方法。低年段,在教材之外,系统、全面地开展常见词(sight words)、自然拼读(phonics)、绘本阅读(story books)教学,在实践中摸索适合本校学生的教材、教法、学法。中高年段,不断探索单元整体教学,关注单元统整、内容整合、语境带动、语用体验、目标导向、活动推进、资源支持、评价伴随。

⑤ 音乐:韵美音乐。随韵而动,以美悦情。"韵美音乐"以引领儿童感受美妙的音乐世界,享受音乐的韵律之美为目标。"韵美音乐"旨在追求以审美为核心,以美激趣,以美动情,以美育人,以体验为根基,挖掘学生的潜能,提升学生的想象力和创造力,提高学生的审美意识和审美能力。在课程实施的过程中,重视培养学生从视觉、触觉、听觉等方面感受美、欣赏美、创造美。在学生掌握必备的基础知识和基本技能的基础上,让孩子随韵而动,感受艺术之美;让学生在学习、理解基础知识的过程中,发展思维能力、探究能力和创新精神。

⑥ 美术：悦美美术。"悦美美术"通过丰富多样的实践活动，引导儿童在探究中发现、领略艺术学科的魅力，逐步培养学生对艺术的持久兴趣，使学生感受美感，陶冶身心，提升想象力和创造力，提高对艺术的审美意识和审美能力。利用美术课程的愉悦性特征，选择"寓教于乐"的教学手段与形式，结合符合儿童年龄特点的教学方法，创设各种情境，让孩子乐在其中，感受美术活动过程的愉悦。尊重儿童个性，创设宽松、自由的创作氛围，鼓励学生求新求异，加强实践操作，努力培养学生的创新精神和创作能力。

⑦ 体育：健美体育。"健美体育"提倡运动健康创造美好生活，旨在让孩子们拥有健康体魄和美好心态。健康的身体是学生顺利学习和生活的基础。在体育活动中培养学生团结协作的精神，强化其公平竞争的意识，使学生学会以健康的心态面对成功和失败，最重要的是磨炼学生的意志力。体育科坚持"体育塑造美好的人生"的课程哲学，深入实施素质教育，优化课程结构，充分利用体育课程资源自主开发课程，形成适应地方、学校和学生特殊需要的，体现学校办学特色的体育课程。

⑧ 科学：创美科学。"创美科学"让儿童在创新中成长，注重学生的亲身体验，发展学生的创新精神和实践能力。"创美科学"根据学生的成长规律，针对学生身边生活中的现象，通过科学课堂讲解、课堂实验、课堂外实践操作，使学生了解科学、技术与社会、环境的关系，使学生具有创新意识、保护环境的意识和社会责任感。为培养学生的科学素养，科学科组教师每个学期会在计划中设置多样的学习机会，如专项探究、综合活动、主题探究、室外探究等。

⑨ 信息技术：探美信息。"探美信息"引导儿童在探究中感受信息之美，提升信息素养，在探索中领悟知识的智慧之美，在计算机思维的发展中体验逻辑之美，在互联网的熏陶下品味发现之美，在协作中感受创造之美；让儿童成为学习的主体，从而激发其学习的内驱力，感受信息技术日新月异的变化。

⑩ 综合实践：行美实践。"行美实践"在实践中探寻生活之美。综合实践活动课程的开发面向的是学生完整的生活世界，注重学生的生活，让生活的点点滴滴成为可以实践的内容，让学生从实践中得到真知、真才、真学，在生活中去实践，在实践中感受生活，探寻生活之美，享受成长的喜悦。综合实践以"问题学习""履历学习""合作学习"等培养学生自我发现课题、自主探究课题、综合解决问题的精神和能力。

我们从五个维度对"怡美课堂"进行评价。一是"学而知",注重知识目标的达成,使学生打牢扎实的学习基础。学生通过学校的活动、课堂上老师的教授,能认真主动学习,养成良好的学习习惯和与之相关的行为习惯。二是"学而思",注重思维品质的培养,使学生学会提出和思考问题。学习与思考是相辅相成的,缺一不可,只有把学习和思考结合起来,才能学到切实有用的真知。三是"学而述",注重表达和分享交流,使学生养成良好的表达和演讲能力。学习知识和技能后能与别人分享,分享过程既是回忆和巩固所学知识和技能,又是将知识和技能转化为实践。在重现和检验中加深记忆,发现问题,自主解决或寻求其他解决方法都是快速成长的途径。四是"学而行",注重方法和能力的迁移运用,知行合一,学以致用。知中有行,行中有知,从书本走向生活,从习得到学会运用,从课内向课外延展。五是"学而乐",注重快乐的学习体验,增加乐趣和成就感。知识获取和积累的过程,技能掌握和实践的过程,在学校教育中以"学习共同体"的形式进行。学生在学习过程中,汲取知识,充实头脑,丰富精神生活。

总而言之,学校教育的根本使命就是促进学生身心健康发展,实现学生个体从自然人向社会人的转变。我们用爱和智慧积极整合中华优秀传统文化和现代文明,整合中西方课程资源优势,整合学校资源和社会资源,努力把学校打造成充满爱与智慧的、师生共同成长的"怡园"。

(撰稿人:袁超　陈素彬　杨雪柏　等)

第一章

成美品德： 学会过完整的道德生活

　　"成美"意为成人之美，成儿童品德之美。"成美品德"以引导儿童热爱生活、学会做人、积极探究、参与社会为核心，让课程植根于儿童生活。"成美品德"旨在让儿童具有正确的价值观，引导儿童更好地适应社会生活，让儿童在充满探究与创造的生活中学会生活，涵养品德，健全人格。

广州市黄埔区怡园小学品德学科组充分发挥团队合力，认真学习课程标准及相关文件，积极参加各项教研活动及区、市教育部门组织的各类教育教学活动，在教学、科研等方面取得了一定成果，如：积极承担区、市公开课，多次参加区、市小学品德教师综合素质优质课团队赛课活动，并获得一、二等奖的好成绩；在2018、2019年的黄埔区中小学生"学宪法、讲宪法"主题演讲比赛活动中指导多位孩子获得区特等奖及一、二等奖的好成绩；在"第五届广州市快乐学法律情景剧大赛"及2019年"明日之星"广州市中小学生阅读系列活动之小学生经典阅读之旅活动表演大赛中指导孩子荣获广州市一等奖的好成绩。为落实《义务教育品德与生活课程标准(2011年版)》《义务教育品德与社会课程标准(2011年版)》，我校推进"成美品德"课程群建设，取得了丰富的成果。

课程哲学　引导儿童养成美德

一、学科性质观

《义务教育品德与生活课程标准(2011年版)》指出：小学品德与生活课程是一门在低年级开设的，以儿童的生活为基础，以培养具有良好品德与行为习惯、乐于探究、热爱生活的儿童为目标的活动型综合课程，具有生活性、活动性、综合性及开放性。《义务教育品德与社会课程标准(2011年版)》指出：小学品德与社会课程是一门在小学中高年级开设的以学生生活为基础，以学生良好品德形成为核心、促进学生社会性发展的综合课程，具有综合性、实践性、开放性。

从品德学科的性质出发，品德课程应立足于儿童的实际生活，根据社会生活的发展变化和儿童身心发展的需要，在设计上体现儿童与生活、儿童与社会、儿童与自我的内在整合，并采用活动作为教与学的基本形式，重视儿童知与行相统一的过程，采用多样性评价，全面关注儿童的品德培养和发展。

因此，结合我校"怡美教育"教育哲学，我们认为，品德学科课程最重要的是成人之美，努力让每一个孩子向着美好生长。

二、学科课程理念

我校品德学科课程哲学是"成美品德"。"成美"原意为成就美善之事，而在"成美品德"理念中的意思是成就儿童的美德，以此为目的设置的品德课程的理念为：引导儿童过完整的道德生活，养成美德。

引导儿童热爱生活、学会做人、积极探究、参与社会是"成美品德"课程的核心。本课程注重引导儿童在体验自身生活和参与社会生活的过程中，学会热爱生活、创造生活；在服务自我、他人和集体的行动中，丰富自我的社会认识和内心世界，健全人格，学会关心，学习做人；在与自然以及周围环境的互动中，主动探究，发展创新意识和实践能力。

儿童的生活及其社会化需求是"成美品德"课程的基础。道德寓于儿童生活的方方面面，儿童品德的形成源于他们对生活的体验、认识、感悟与行动。本课程在开发及设计时以源于或贴近儿童的生活为原则，让儿童从自己的世界出发，用自己的眼睛观察社会，用自己的心灵感受社会，用自己的方式探究社会，并以此为基础，提升儿童的生活。

让课程根植于儿童的生活，提高德育的实效性是"成美品德"课程的追求。本课程强调从儿童生活及发展的现实出发，追求德育的实效性。因此教学要因地制宜地营造有利于儿童品德和行为习惯养成的学习环境，选取生活中真实可信的生动事例，采用儿童乐于和适于接受的生动活泼的方式，真正促进儿童向着美好成长。

课程目标　引导儿童走向美好

一、学科课程总体目标

《义务教育品德与生活课程标准（2011年版）》指出：品德与生活旨在培养具有良好品德和行为习惯、乐于探究、热爱生活的儿童。《义务教育品德与社会课程标准（2011年版）》指出：品德与社会旨在培养学生的良好品德，促进学生的社会性发展，为学生认识社会、参与社会、适应社会，成为具有爱心、责任心、良好的行为习惯和个性品质的公民奠定基础。

在品德课程总体目标的设置基础上，我校"成美品德"课程的总体目标设置为：培养儿童具有正确的价值观，引导儿童更好地适应学校生活和社会生活，满足儿童的身心需要，完善其行为习惯，让儿童在充满探究与创造乐趣的童年生活中学会生活、学会做人、适应社会，最终形成良好的品德，拥有健全的人格。

二、学科课程年级目标

学科课程目标可以细化为年级目标，根据课程标准及现有教材、教学参考书的目标划分，我校"成美品德"主要从"情感与态度""行为与习惯""知识与能力"三个方面进行设计，制定符合儿童心理、生理以及学习特点的阶段性目标内容，涵盖各年级学习，共同指向儿童的品德综合素养。（见表1-1）

表1-1　"成美品德"年级目标划分表

领域 年级	情感与态度	行为与习惯	知识与能力
一年级	1. 理解学生身份，克服不良情绪。 2. 认识新同学，结交新朋友，初步体会友谊。 3. 认识学校的教工人员，将他们的工作与自己的生活联系起来，产生感激之情。 4. 了解和感受不同的上学路。体会上学路上的温暖，学会感恩。 5. 寻找自己在学校喜爱的空间，建立与学校的感情。 6. 感受学校生活的快乐和文明。	1. 爱惜学习用品，珍惜学习生活。 2. 遵守交通规则。 3. 注意安全，学会保护自己。 4. 与同伴和谐相处，共同进步。 5. 注意在家游戏的基本安全。 6. 过健康的余暇生活。 7. 开展有创意的游戏。 8. 养成良好的饮食卫生习惯及礼仪。	1. 能够进行简单的自我介绍。 2. 知道向教工人员问候和求助的用语及基本方式。 3. 了解学校空间布局。知道在学校里的注意事项。 4. 了解学校生活的一般规则。了解与熟悉学校各种铃声的含义与要求，以及基本的礼仪。 5. 了解一些食品安全知识和常见食物的营养。 6. 了解家庭生活中常见的安全问题。 7. 了解冬季易发疾病的有关知识，积极预防和保健。 8. 了解不同的新年习俗，懂得自己生活中的新年礼仪。

领域 年级	情感与态度	行为与习惯	知识与能力
	7. 感受大自然的变化,欣赏大自然的美。 8. 能看到自己的成长和变化,并为此高兴。 9. 能欣赏自己和别人的优点,并以此激励自己不断进步。 10. 形成乐观、积极的心态。 11. 树立集体意识;树立安全意识;树立健康意识。 12. 初步形成正确认识自我和他人的意识。	9. 养成独睡、早睡、早起等规律作息的好习惯。	9. 合理安排课间生活。 10. 能在成人帮助下开展活动。
二年级	1. 体验到与同伴友好交往的乐趣;感受集体生活的温暖。 2. 体验到合作的力量大。 3. 感受到化解自己的消极情绪带来的快乐。 4. 愿意做诚实的孩子,体验诚实带来的快乐。 5. 感受有计划、有步骤做事情的快乐。 6. 感受和同学们一起学习、生活的温暖和快乐。体验到朋友带给自己的快乐与温暖。 7. 喜欢与同学交往,愿意为与同学交朋友做努力。 8. 对二年级的学习和生活怀有美好的向往、充满信心。 9. 建设积极向上、勇于接受挑战的精神面貌。 10. 学会对待自己和别人分数的正确态度。 11. 树立正确的交友观念。 12. 树立时间观念和规则意识。	1. 能够与老师、同学共同学习、游戏,相处和睦;积极参加集体游戏。 2. 比较全面地看待自己和别人的学习成绩。 3. 用实际行动让自己不断进步。 4. 能换位思考,尊重他人。 5. 做事认真负责,有时间观念。 6. 不说谎话,主动承认并改正错误。 7. 制定计划,有步骤地做事情。 8. 能与同学们友好相处。 9. 积极主动了解同学朋友多的原因。 10. 能选择恰当的行为和方式与同学交往。	1. 了解栽种植物、饲养小动物的基本常识。 2. 知道集体生活中与同学愉快交往的常识。 3. 知道合作的好办法。 4. 比较全面地分析自己的优点和长处;知道自己对集体的重要性。 5. 知道惰性对今后成长的不利影响。 6. 知道没有时间观念、做事不认真的危害。 7. 知道诚实是好品质、好美德、好习惯。 8. 知道有计划、有步骤做事的重要性。 9. 培养适应新的学习、生活环境的能力。 10. 能运用基本的交往技能,解决同学之间的矛盾冲突。 11. 能用个性化的方式交流、展示自己的特点;能完成合作活动中所承担的任务。 12. 能用比较的方法感受、说明自己和别人成绩的变化。 13. 结合实例证明自己的进步和在班集体中的重要性。

领域 年级	情感与态度	行为与习惯	知识与能力
	13. 树立换位思考的态度和意识。 14. 形成勇敢面对问题的态度。		14. 掌握控制自己情绪和行为的方法。 15. 交流、分享克服做事拖拉的能力。 16. 愿意讨论对具体事例的看法。 17. 提高制定计划的能力。 18. 掌握与同学、朋友交往的技能。
三年级	1. 体验认识自我的快乐。 2. 感受家人的爱和家庭的快乐；感谢父母的养育之恩。 3. 感受同学之间的友爱之情，相互尊重。 4. 体验自信的力量。 5. 感受集体中规则的力量；增强对学校的亲近感。 6. 感受在家庭中具有责任感的重要性。 7. 正确认识自己的成长，了解自己的特点，有自信心；形成热爱家庭的态度。懂得同学、朋友之间要建立真正的友谊。 8. 形成学习上的自信。 9. 形成遵守规则的意识。懂得邻里友好相处的重要性。 10. 形成集体意识。 11. 树立在家庭中的责任意识。	1. 关心、孝敬父母长辈；关心家庭生活，愿意承担家务，有一定的家庭责任感。 2. 具有一定的安全意识。 3. 养成良好的学习习惯。 4. 关心集体。 5. 自觉遵守学校规则。 6. 爱戴老师，尊重学校工作人员的劳动。 7. 参加集体活动，维护集体荣誉，对自己承担的任务负责。 8. 与邻里和睦相处。 9. 尊敬各行各业的劳动者，尊重他们的劳动。 10. 尊敬老人，关爱残疾人，关注不同环境中的同龄人。 11. 接纳不同生活背景和环境下的同龄人。	1. 知道在家里应有的文明礼仪，知道自己能做的事情要自己做。 2. 知道简单的居家安全常识。 3. 知道规则在生活中是必不可少的，以及规则是如何产生的。 4. 了解合作的基本条件。 5. 知道邻里之间友好相处的一些常识。 6. 知道不同的职业及其劳动都是人们生活所需要的，知道职业的差别。 7. 了解老年人和残疾人生活中的一些特殊需要。 8. 知道不同环境中的儿童有同样的健康发展需求。 9. 提高体验能力、收集资料的能力、做简单事情的能力、简单料理自己生活的能力，养成节俭的习惯，具备初步的自救自护能力。 10. 能够处理同学之间的小矛盾。 11. 初步了解多样化的学习活动，掌握一些基本的学习方法，初步形成规则意识。 12. 对邻里交往中的行为是否文明具有一定的辨别能力。 13. 理解生产性劳动与服务性劳动的区别。 14. 懂得老年人生活中的特殊需要，懂得残疾人应当得到尊重和帮助的原因。 15. 能理解和接纳不同生活背景和环境下的同龄人。

续表

领域 年级	情感与态度	行为与习惯	知识与能力
四年级	1. 增进对家乡的情感,感受祖国的博大,从而产生积极的情感。 2. 感受生活的延续和发生的巨大变化。感受历史的魅力。 3. 体验中国人民对土地的热爱之情。 4. 体验劳动的快乐,感受变化,体验社会进步与发展带来的积极影响。 5. 感受生命的伟大和渺小。 6. 感受公共健康、文明的意义。 7. 体验生活的美好。在原有水平上形成对于合作更为积极与自觉的态度。 8. 提升可持续发展及环境保护的意识。形成探究、比较、合作的意识。 9. 形成热爱和珍惜土地的情感,崇尚劳动,形成感激农业和农业劳动者的态度。 10. 养成尊重劳动及劳动者的积极态度。 11. 形成热爱生命的态度。 12. 初步养成关心公共健康文明的态度和热爱生活的情感。	1. 尊重历史,珍惜今天所拥有的一切。 2. 爱护环境。 3. 尊重劳动者,热爱劳动。 4. 以积极健康的方式进行生活。 5. 树立安全意识,对自己的安全负责。 6. 尊重为了人们的安全健康而工作的人们。 7. 文明生活。 8. 自觉遵守安全规则。	1. 认识家乡的地理位置和特点,初步了解祖国领土的辽阔和风俗的多样性。 2. 学习四个副方向,能够用八个方向更准确地描述地理位置。 3. 了解家乡的一些文化特色。了解年表在表述历史变化过程中的作用。 4. 知道一些与水有关的环境保护知识,对家乡的水况有一些具体、实际的了解。 5. 了解农业的作用及农业的发展历程,知道科学技术改变着农业的发展。 6. 了解通信及交通的作用。 7. 了解不同传媒方式的特点及在生活中的作用。懂得安全、健康、文明生活的基本常识。 8. 进一步提高运用地图知识的能力,提高合作能力。 9. 能够理解不同地方的特征和气候与人们生活习俗习惯之间的联系。 10. 能够对具体事物进行探索、比较、分析。 11. 愿意在学习活动中积极发表自己的认识和看法。 12. 学会调查,能够提高收集、整理、比较、分析资料的能力。 13. 能够对简单的农业知识进行探索;形成简单的劳动能力。 14. 学会讨论与合作,学会正确地辨别良好的生活方式。 15. 掌握自救自护的方法。
五年级	1. 体验并感悟祖国的广阔疆域和壮丽河山,由衷产生爱国的情感。 2. 了解各民族,体验多民族国家的力量。 3. 在认识祖国辉煌历史	1. 尊重少数民族。 2. 维护领土完整。 3. 遵守法律。 4. 学习革命先辈的英雄事迹,崇敬革命先烈。	1. 了解一些中华民族古老的历史和传说,了解中国古代科学技术、文化及作用,知道四大发明的内容。 2. 了解一些文化伟人。 3. 了解祖国的全称、地理位置、领土、面积、行政区划、首都等常识。知

领域 年级	情感与态度	行为与习惯	知识与能力
	的基础上,进一步增进爱国主义情感,感悟仁人志士追寻救国之路的无畏和不易。 4. 怀有感激之情,怀有民族自豪感和自信心。 5. 培养国家主人翁意识和责任感。 6. 形成相互了解、相互尊重、团结友爱的情感。形成对法律的信赖和尊重。 7. 养成理解和关心社会生活的积极的、亲社会的意识。 8. 形成并强化中国是统一的多民族国家的意识。 9. 明白共产党的重要地位,产生对党的热爱之情。	5. 树立奋发图强的爱国志向。	道台湾是中国不可或缺的一部分。 4. 知道 56 个民族,了解文化多样性的意义。知道香港、澳门回归祖国的大事件。 5. 了解华人、华侨做出的建设和贡献。 6. 理解共和国、公民、人民代表的概念、基本含义。 7. 知道中国历史的朝代顺序。了解有关汉朝、唐朝的一些重要史实与人物。 8. 知道新大陆的"发现"和环球航行的基本史实及作用。知道工业革命的内容及意义。 9. 知道祖国近百年来的耻辱、被欺凌的重要史实,以及在中华民族的抗争与奋斗中出现的人物、事件、过程。 10. 知道中国共产党成立的意义,知道共产党发展中的艰苦卓绝,以及做出的重大贡献。 11. 初步学会阅读简单的史料,具有对史料进行简单探究、概括和归纳的能力。 12. 能够进行简单的调查,提高使用地图的能力,发展空间思维能力。 13. 能够初步尝试从权利和义务的角度思考个人行为的合理性及合法性。 14. 形成并不断巩固学习历史的不同方法,学习思考历史事件的原因与结构,以及两者之间的关系,懂得全面地看待历史人物及事件,能够采用适当的方式比较历史与现实的差异。 15. 能够进行简单的调查、探究活动,学习搜集、处理和利用资料,提高使用地图的能力;在讨论中能够发表自己的看法和意见,不断提高表达能力。

续表

领域 年级	情感与态度	行为与习惯	知识与能力
六年级	1. 感悟中国人民对诚信、节俭的重视情感；感受诚信、节俭的意义。 2. 体验并感悟新中国成立后祖国建设的伟大成就，为自己是一个中国人而骄傲。 3. 感受中国人民解放军爱党、爱国的情感。 4. 感受祖国改革开放后取得的成就和变化。 5. 感悟战争带来的巨大灾难，感悟和平的重要价值。感悟仁人志士爱护和平、维护和平的精神和情感。感受地球的伟大和脆弱。 6. 感悟亲子之间、同学之间、师生之间的感情。 7. 感悟不良诱惑带来的危害。 8. 以节俭为荣，以挥霍为耻。 9. 形成欣赏和接纳他人长处的态度，愿意为他人着想，从帮助他人的行为中得到满足。 10. 景仰维和战士的顽强和勇敢，形成向往和平并为之努力的愿望。 11. 形成尊重不同国家文化差异的态度，珍惜和感激地球。 12. 形成开放的国际意识和国际理解，形成可持续发展的观念。 13. 形成正确的自我认知和生活认知。	1. 做人诚信，养成节俭的好习惯。 2. 为他人着想，助人为乐。 3. 积极接受爱国主义的理想教育，好好学习，天天向上。 4. 发愤图强，发展身为社会公民的责任意识和主人翁意识。 5. 向往和平，保卫和平。 6. 学会自我控制、自觉抵制不良诱惑。 7. 以积极的态度迎接困难和问题。加强沟通，反思自我。 8. 禁止吸烟。	1. 知道新中国成立后全国人民保卫祖国、建设祖国所取得的主要成就，以及几位杰出英雄模范人物的光辉事迹。 2. 知道我国改革开放后取得的各方面成就。 3. 初步了解和认识我国人民代表大会制度。 4. 知道两次世界大战及其带来的灾害。知道邪教和恐怖主义是危害当今世界的毒瘤。 5. 知道国际组织和仁人志士为维护和平做出的贡献。 6. 知道地球的概念、概况、地位及重要性。 7. 知道世界不同群体、民族、国家和睦相处的意义。 8. 知道人与其他物种、人与自然和谐发展的意义。 9. 懂得沟通和自我调节的方法。 10. 懂得吸烟的危害；懂得公德的价值和意义。 11. 能够理解付出与代价之间的复杂关系。 12. 能够区分什么样的行为是节俭，什么样的行为是浪费。 13. 能够调适自己的心理，克服嫉妒等情感。 14. 进行简单的调查、探究活动，学习收集资料，进一步通过各种学习活动提高探究和解决问题的能力，发展空间思维能力，提高语言表达能力。 15. 进一步增强对阅读材料进行概括和分析的能力、收集和利用信息的能力。提高从更广阔的视角认识世界的能力。 16. 加强识图能力。

续表

领域 年级	情感与态度	行为与习惯	知识与能力
			17. 提高与家长、同学等的人际沟通能力，自我调节、自我控制和自我保护的能力，以及反思自我的能力。

课程坐标　设计完整的道德生活

我校"成美品德"课程框架主要有两个主体：一是以国家课程为主体的基础性课程；二是依据学校大课程体系，以校本课程为主体的拓展性课程。基础性课程是全体学生统一学习的基础课程，具有基础性、普及性和发展性等特点，以培养儿童的公民道德素质，培养儿童勇于探究、创新的科学精神，培养儿童正确的生活态度为重点，为儿童在个人发展、社会发展方面奠定重要的基础。拓展性课程是由儿童根据自己的爱好和需求自主选择的学习内容，主要满足儿童的道德素养需求，培养和发展儿童的品质和能力，提高儿童的自我认知和自我发展能力。

一、学科课程结构

《义务教育品德与生活课程标准（2011 年版）》在低年段中，安排了四个方面的内容："健康、安全地生活""愉快、积极地生活""负责任、有爱心地生活""动手动脑、有创意地生活"。《义务教育品德与社会课程标准（2011 年版）》在中高年段中，安排了六个方面的内容："我的健康成长""我的家庭生活""我们的学校生活""我们的社区生活""我们的国家""我们共同的世界"。

"成美品德"课程基于以上几大课程内容的相关要求，结合我校学生心理及生理的发展特点，以满足儿童道德认识和需求为目的，从"家庭生活、学校生活、社区生活、伟大祖国、走向世界"等五个维度按学期设计了60门课程：纵向上由浅到深，体现知识学习的螺旋上升；横向上涵盖各个年级五个维度的学习，共同培养儿童的品德行为素养。具体的学科课程结构图见图1-1。

图1-1 "成美品德"课程结构图

（一）家庭生活

家，是心灵的港湾，是儿童最早接触的生活环境。在具体的家庭生活中，儿童已经形成一定的品德和行为习惯，积累了一定的生活经验。对于"家庭生活"维度的课程来说，一方面，儿童的家庭生活作为儿童生活的主要内容，是课程开发及设计的基础及重要资源；另一方面，通过统一的符合价值观念和道德认识的公共教育，引导儿童由已有的、较自然的家庭生活状态，进入到文明健康、安全愉快、自主治理的家庭生活状态，从而提升儿童的家庭生活品质，使家庭生活与学校生活相协调，共同促进儿童的个人成长和发展。

（二）学校生活

学校，是儿童学习知识的地方，也是他们结识伙伴、共同成长的地方。学校生活是一种集体生活，内容涉及同学之间、师生之间、学习活动、班集体以及学校生活的规则等方面。"学校生活"维度的课程通过对学校生活素材的开发，从儿童真实的生活经验出发，将本课程的教育内容与儿童学校生活的实际情况和需要结合起来，有利于教师开展集体生活的引导和教育，提高儿童适应学校生活、积极参与学校生活的能力，从而促进其学校生活质量的提升，促进儿童的社会化发展。

（三）社区生活

儿童品德的发展不仅受家庭环境及学校环境的影响，还会受到外部的大环境，即社区的影响。根据新课标的要求，品德课程的教学时空不能局限于学校课堂，应与社区活动、社会重大事件等紧密结合，在社区生活资源的支持下，把品德课堂扩展到更广阔的社会生活中。"社区生活"维度的课程不仅丰富了儿童品德教育的内容、方法和形式，充实本课程的教学过程，更贴近了儿童生活实际，促使儿童切身体验社会生活中丰富的知识和技能，从而激发其热爱他人、爱护身边环境的意识。

（四）伟大祖国

"伟大祖国"维度的课程在"热爱家乡，珍视祖国的历史与文化，具有中华民族的归属感和自豪感"的课程目标基础上，引导儿童通过多种学习方式，对我们伟大的祖国形成比较全面的了解，对祖国的历史与文化形成比较深入的认识，从而促进其由衷地产生爱国之情，发自内心地为自己是一名中国人而感到骄傲和自豪，体验并感悟到我们伟大祖国的辉煌历史与文化以及正在走向繁荣富强，从而培养儿童的国家主人翁意识和责任感。

（五）走向世界

世界观是人对世界总的看法和根本观点，是一个人在世界中立身的根本和基础。而道德教育是世界观、人生观及价值观的形成和发展的基础，对儿童进行道德教育有助于其形成科学的世界观、正确的人生观和价值观。因此在品德课程中引导学生走向世界、了解世界，有利于帮助学生拓宽眼界，使其具有开放的国际意识，树立正义感，加强国际尊重、理解，培养其科学、探究的精神，为其世界观的形成奠定基础。

二、学科课程图谱

我校"成美品德"根据一到六年级儿童的不同年龄特点和知识特点，针对性地设定了不同的主题，开发了不同课程，课程图谱见表 1 - 2。

表 1 - 2　"成美品德"课程图谱

年级＼领域		家庭生活	学校生活	社区生活	伟大祖国	走向世界
一年级	上学期	我爱我家	快乐校园	生活你我他	我是中国少年	小小地球
	下学期	我的好习惯	好朋友	美丽的公园	过年啦	七个好朋友
二年级	上学期	相亲相爱一家人	我的学校	小区活动趣味多	春夏秋冬	我们的邻国
	下学期	我是好孩子	班级公约	制作交通标志	少先队员	环游记
三年级	上学期	爸爸妈妈的一天	一分钟	道路语言	一只雄鸡	世界科技展
	下学期	我是小帮手	我的课后计划	大自然真美丽	一家人	地球村
四年级	上学期	安全的一天	大家一起来	我要守规则	我的旅游日记	国际跳蚤市场
	下学期	生活小达人	保卫校园	保护环境我能行	大大的农业园	地球生病了
五年级	上学期	家人的矛盾	快乐与烦恼	我们都一样	古与今	小小联合国
	下学期	家庭交流会	成功与失败	养老院的一天	我是小公民	同一个世界
六年级	上学期	传家宝	我们的班集体	小小采访者	爷爷的故事	战争风云
	下学期	我的成长	感谢有你	多彩的民俗	我的梦想	和平之鸽

　　"成美品德"课程图谱的设置具有针对性、丰富性和阶梯性，旨在让儿童过上完整的道德生活，并循序渐进地培养其品德学科素养。

课程实施　引导儿童过完整的道德生活

　　儿童道德素质的培养要"尊重学生的主体性"，"关注学生的生活经验"，并要"回归儿童的生活"，这就要求品德课程的开发和实施要符合教育规律，符合儿童发展的规律，引导儿童过一种有道德的生活。课程内容的组织要在儿童生活的基础上设计相关的安全教育、文化教育以及礼仪教育等内容。在活动中获得教育是品德课程教学的主要形式，这就要求教师在课程实施中根据具体的目标、内容、条件、资源等，因地制宜、因校制宜地选择各种不同的教学活动类型，使儿童在主动积极的参与中生活得到充实，情感得到熏陶，品德得到发展，价值判断得到初步的培养。

我校"成美品德"注重引导儿童过有道德的生活，使儿童向着美好成长，根据课程理念、学科性质、课程目标等方面的要求，从"成美课堂""成美课程""成美品德节""成美品德社团""成美品德赛事""成美品德之旅"等方面进行课程实施。

一、 建构"成美课堂"，提升课程实施品质

在原有的课堂文化基础上，学校进行了课堂教学文化的重新调整，聚焦儿童核心素养，致力于创设拥有怡心怡身、至善至美特质的"成美课堂"。"成美课堂"不仅具有德育色彩，还具有美育色彩，凸显学生发展自主性，坚持儿童发展全面性，注重儿童发展差异性，追求本真、灵动的课堂教学模式。

"成美课堂"是指通过德育、美育、智育等相互促进的手段，促成儿童的情感体验，培养儿童良好的行为习惯，满足儿童的道德需求，提高儿童的实践能力和创造性，成就儿童心美、行美、思美、能力美的课堂。在此课堂中，"德"是"成美课堂"的出发点，也是落脚点，"美"是手段，也是结果。在教学过程中除了完善美育和德育的课程体系之外，构建以美塑德、美德融合的课堂教学模式，激发儿童的学习热情，激发儿童参与学习的主动性、积极性以及自主性，是实现有效培养儿童品德素养的途径之一。

"成美课堂"的教学理念是以美塑德，德美融合；教学原则是学为主体，教为主导，以儿童生活为基础，以活动为主线；教学工作思路是激趣、参与、激思、导创。"成美课堂"努力创造师生互动、生生互动的和谐美，追求课堂教学的生机和活力，追求"让课堂充满生活气息，让课堂焕发生命活力"的发展目标，从而真正实现"教师幸福地教，学生快乐地学"的至高境界。具体实施有以下几点。

一是从儿童生活出发打造"成美课堂"。课堂教学也是一种生活，它是儿童生活的一部分，但它不是自足的、自成目的的，它要不断从课堂以外的生活中汲取营养，也要不断为儿童其他方面的生活提供营养。所以"成美课堂"在实际的实施中会自觉、有意识地将儿童课内课外、校内校外的生活连为一体，让课堂教育的作用辐射到整个生活。

二是通过创设情境塑造"成美课堂"。创设教学情境可调动儿童的多种感官，使课堂社会化，使之成为社会生活的缩影，有利于使儿童体验情感、了解社会。让儿童在做中学，在情境中进行创造性地学习。"成美课堂"强调在情境中提出问题，探索解决问题的过程，而不是学习现成的道德知识。例如，学习历史题材的内容时，教师可通过重现历史场景来营造教学情境。

三是通过活动体验完善"成美课堂"。活动教学是在教师的设计和引导下，通过儿童主动自觉的有意义的体验与建构活动，促使儿童的情意状态、认知结构和功能得到改组、重建和发展的一种基本教学范型。"成美课堂"以活动教学为载体，在活动中坚持突出儿童的主体地位，使儿童在活动中获得发自内心的体验与感悟，有助于儿童将知识转化为行动，将他人的或者社会的观念、实际做法、标准或价值观转化为自己的观念、实际做法、标准或价值观。

四是通过挖掘图书资源提升"成美课堂"。新课程标准在实施建议中要求充分挖掘和利用图书资源，图画书作为一种新兴而独特的图书资源，能够为学习内容带来更为丰富、形象化、多元化的解读。把图画书作为"成美课堂"上的资源，需要明确课堂上运用图画书的实质是借由图画书阅读开展品德课堂教学。因此要根据教学内容，选择适合的图画书，建立起教学与图画之间的内在联系。

二、 建设"成美课程"，丰富品德课程体系

"成美课程"旨在通过学科课程矩阵来确定课程与学校育人目标之间的相互照应，分析课程对育人目标的达成支持度，优化课程体系，以"1＋X"的模式建设。它是在基础课程之上，根据学情、师情、校情创造性研发的多个拓展课程。"1＋X"课程模式是国家课程校本化的实施，课程的丰富性是课程群发展的基础。

"成美品德"课程群根据品德学科师资力量，结合教师自身特长，以国家统编品德学科教材为原点，依据新课程标准设计品德学科特色"1＋X"课程群。"1"是教师教授的国家基础性课程，为儿童未来生活、工作和学习奠定基础，主要以国家统编教材为教学媒介；"X"是根据基础性课程的学科特点，进一步满足儿童的学习需求的拓展性课程，是基础性课程的拓宽与延伸。拓展课程围绕小学品德的课程标准、小学生的年龄

发展特点以及我校的育人目标而自主设计。

"成美课程"的建设路径之一是聚焦品德学科的核心素养。随着课程的深化改革，基于核心素养的现代课程体系要求我们必须将儿童视为完整的生命个体，关注个体成长所需要的必备素质和核心能力。"成美课程"应围绕品德学科的核心素养来确定课程的核心目标，将学科核心素养落实到实际教学中；应重视合作交流，实现学生核心素养中"社会参与"的能力；应重视引导儿童体验探究，发挥主体与道德环境的交互作用，实现核心素养中"实践素养"的培养；应更善于整合课程资源，体现综合性品质的素养，达到"综合交叉、螺旋上升、丰富课程"的内涵。

"成美课程"的建设路径之二是联系儿童生活。对于儿童来说，儿童自己的生活才是真实的生活，立足于此的道德教育才是真实的道德教育。因此，我校"成美课程"生活资源的设计与开发，尽可能以儿童的真实道德生活为主要资源和参照，将现实的社会生活转化为贴近儿童直接生活经验的事件，引导其从中自主地发现真善美，自然流露出对道德的亲近与理解。

"成美课程"的建设路径之三是注重体验式教学的应用。体验式教学，是指在教学中以体验为基本方式去授课。我校"成美课程"强调活动体验教学的重要性，把儿童当作主体，在教学中充分发挥儿童的主体地位，给予儿童全新的体验，使其在更加真实、生动的环境中去掌握知识。

三、 创设"成美品德节"，浓郁课程实施氛围

"成美品德节"是以节日文化为载体，以儿童自主参与为主的学习活动。儿童需要充分发挥自己的所思所想，不断经历、体会各种节日文化，在"做"的过程和"思考"的过程中获得行为和认知的道德素养。

"成美品德节"以丰富有趣的节日活动为出发点，创造良好的德育环境，吸引儿童主动参与，培养儿童对节日文化的认同感，感受文化魅力，渗透品德教育、礼仪教育、安全教育等，提高儿童的探究、创新能力。

我们每年创设"成美品德节"，积极营造浓厚的道德素养培养氛围，以不同的主题激发儿童对"成美品德"的热情。怡园小学的"成美品德节"课程安排如表1-3、表1-4所示。

表1-3　"成美品德节"活动安排表

时间	传统节日			
	年级	节日	课程	实施
1月	一至六年级	春节	过年啦	1. 探索春节历史渊源 2. 感悟春节的精神内涵 3. 体验春节的文化习俗
4月		清明节	一起去踏春	1. 探索清明的历史渊源 2. 感悟清明的精神内涵 3. 体验清明的文化习俗及意义
6月		端午节	我们的端午	1. 探索端午的历史渊源 2. 感悟端午的精神内涵 3. 体验端午包粽子、划龙舟的文化习俗
9月		中秋节	团圆的日子	1. 探索中秋的历史渊源 2. 感悟中秋的精神内涵 3. 体验中秋节的文化习俗及意义

表1-4　"成美品德节"活动安排表

时间	特色节日		
	年级	节日	实施
3月	一至六年级	植树节	开展爱护环境的主题教育活动。
4月		国家安全教育日	开展安全教育的主题活动。
4月		健康日	开展养成健康习惯的主题教育活动。
5月		劳动节	开展热爱劳动的主题教育活动。
6月		儿童节	开展认识自我、重视自我的节日庆祝活动。
5月、6月		母亲节、父亲节	开展感恩父母的主题教育活动。
9月		教师节	开展尊师重道的主题教育活动。
10月		国庆节	开展热爱祖国、为祖国而自豪的主题教育活动。
11月		中国法制宣传日	开展遵纪守法的主题教育活动。

四、组织"成美品德社团"，搭建品德修养舞台

学生社团是现代学校建设的重要资源,随着课程内容的不断拓展,学生社团已经成为发展学生自主管理的新型课程,是实施素质教育的重要内容。新形势下以学生喜爱的开展"社团"的方式进行品德内容的学习和培养,不仅能调动学生的积极性和主动性,而且有利于拓展课堂教育的时间和空间,进一步提高学生的思想道德素质。

"成美品德社团"建设以"成儿童品德之美"为目的,以儿童兴趣为基础,以活动体验为方法,为儿童提供展现自我的广阔舞台。如德法交流社团、体验劳动社团、礼仪社团、保护环境社团等(具体的社团类型及内容如表1-5所示)。通过这一展示舞台,促进儿童的情感体验,使其积极参与社会实践,体验社会生活,在理解和感悟中受到教育,获得经验,逐步提高认识社会、参与社会、适应社会的能力。

表1-5 "成美品德社团"的类型及具体内容

社团名称	具体内容
德法交流社团	以"道德"和"法治"为主题,社团成员收集相关的真实资料,定期开展社团交流会及讲座。
体验劳动社团	以"劳动体验"为目的,社团定期开展种植、烹饪、编制、整理等活动,让学生在体验中获得认识,提高能力。
礼仪社团	以培养学生"良好礼仪"为目的,结合传统,以学生生活为基础,开展"队礼""成人礼"等训练活动。
保护环境社团	以培养学生环保意识为目的,定期开展"垃圾分类""环境小调查"等活动。

"成美品德社团"实施路径有五。一是建设规范团队。在学校德育处批准的基础上,小社团由师生自发组成,1名教师担任社团辅导员,7名及以上兴趣爱好相同的少先队员以自愿的原则加入社团。社团小干部由学生民主选举产生,有较为明确的分工。二是制定社团章程。在辅导员的引导下及社团小干部的带领下,社团成员自行制定社团章程。社团章程中要条目化地明确规定对社团的成员、辅导员的相关职责、活动性质、活动内容等的具体要求。根据社团章程的要求,社团成员自己创立社团标志,以此

达到鼓舞士气、反映希望的目的，并确立响亮而又具有创意的团训，以团员为本，突出社团丰富多彩的活动、积极向上的精神面貌。三是开展社团活动。开展活动是社团的主要内容，需要制定完善的计划和要求。"成美品德社团"的活动开展依据学校社团的管理要求，制定出完整的年度活动计划、活动记录、活动总结，确定好固定的活动时间、活动地点，并在开展常规活动的同时重视特色活动的开展。四是展示活动成果。成果的展示是对社团成团进行评价和鼓励的重要方式，具有积极的意义。"成美品德社团"在每一次的活动中注意积累各种原始材料（方案、计划、总结、活动图片等），并适当展示优秀作品，这不仅为日后的展示活动提供充分的保障，也能提高社团的吸引力及促进团员的交流与成长。五是定期考核奖励。一定的奖惩制度能更好地管理社团及社团成员。"成美品德社团"的考核与奖惩方法主要有以下几种：对在社团活动中表现突出的学生，社团负责人可上报德育处给予该学生表彰以资鼓励；对活动中表现突出的社团，给予社团负责人表彰奖励；社团在一学期内未举办过 2 次以上的大型活动，该社团即被取消资格，自动解散；学生累计有 3 次以上（含 3 次）不参加社团活动的，即被取消资格。

五、 开展"成美品德赛事"，激发品德学习兴趣

"成美品德赛事"是以"引导儿童过完整的道德生活"为目的，通过比赛的形式，吸引学生参与的活动。在比赛活动中，学生能通过各种形式的赛事，在获得奖励的基础上，进一步促进其自身情感、态度的体验，良好行为、习惯的培养，知识、技能的提高。

根据黄埔区及怡园小学德育处的活动安排基础，现将"成美品德赛事"分为多个方面，通过不同的比赛内容及形式，多方面丰富比赛活动，激发学生品德学习的兴趣。详见表 1-6。

表 1-6 "成美品德赛事"安排

赛 事 内 容	具 体 实 施
板报比赛	围绕相关的教育主题，每月组织全校范围内的板报评比。
禁毒知识比赛	以网上答题的方式进行知识竞赛，评出等级。

续表

赛 事 内 容	具 体 实 施
少先队知识竞赛	以班级为单位，以笔试的方式完成少先队知识竞赛的初赛，选择最高分到学校进行决赛，最后评选出"最佳少先队员"。
爱国主题演讲比赛	围绕爱国的主题，首先在班级首选适合的学生，再在年级里选拔，然后在学校里选出最优者，推到区里参加决赛。
"学宪法、讲宪法"主题演讲比赛	围绕"宪法"主题，首先在班级选适合的学生，再在年级里选拔，然后在学校里选出最优者，推到区里参加决赛。
"广州市快乐学法律情景剧大赛"	围绕"快乐学法"主题，选拔参赛成员，经过排练，到区里参加比赛。
"明日之星"广州市中小学生阅读系列活动之"小学生经典阅读之旅"活动表演大赛	以"经典阅读"为主题，选拔表演成员，经过排练，到市里参加比赛。

　　"成美品德赛事"以各种比赛为课程内容，运用科学的理念，制定详细的比赛规则，以求达到最佳的效果。在此要求上，我校对每门赛事的评价主要是从如下方面展开的。一是比赛要体现"以人为本"的理念。教师在活动中，要注意角色的转换，要从过去的主导、主角的地位向孩子学习的伙伴、朋友、知己的角色转换。二是比赛要具有"公平公正"的规则。每项赛事，都要建立完备的赛事方案，尤其对比赛规则的制定，要有严密的评分系统，避免出现比赛不公正，影响学生比赛成绩的现象。三是比赛的效果要能被乐于接受。不能为了成绩而进行比赛，而是要将比赛的内容融入日常的教学行为中，使学生的技能不断得到提高；不能搞突击训练，影响正常教学秩序，使学生产生负面情绪。四是比赛过程中要全面关注学生。比赛的结果应全面关注学生，对不同层次的学生需要设定不同层次的标准，以激励原则为主。

六、推行"成美品德之旅"，丰富品德与生活的联系

　　"成美品德之旅"就是利用一切可以利用的条件为儿童营造浓厚的文化氛围，让儿

童在多元的环境中通过各种渠道获得情感和思想的撞击，在充满真、善、美的环境中陶冶情操、健康成长。

　　"成美品德之旅"与我校德育工作相结合，紧抓综合实践的要求，广泛开展社会实践，每学年至少安排 7 次有益于学生身心发展的实践活动，不断增强学生的社会责任感、创新精神和实践能力。具体的"成美品德之旅"课程设置如表 1-7 所示。

表 1-7　"成美品德之旅"课程活动安排

时间	地点	参与人员	课程
3 月	交通队	一至三年级学生	我们的安全
4 月	科技类馆	一至六年级学生	科技的发展
5 月	学校	一至六年级	劳动最光荣
6 月	公安机关	五年级学生	自我保护
7 月	广州——湖南——湖北	五年级学生	研学之旅
9 月	黄埔军校	六年级学生	家国情怀
10 月	广州岭南印象园	一至六年级	岭南文化
11 月	广州植物园	一至六年级学生	植物的世界
1—12 月	黄埔区少年宫	一至六年级学生	文化的天堂
时间不限	养老院	一至六年级学生	关爱老人

　　总之，从儿童个人来说，良好的品德是健全人格的根基，是公民素质的核心；从社会发展的角度来说，民族素质越来越成为综合国力的重要标志，越来越成为竞争的衡量标准。这就要求基础教育要更加重视公民的道德教育，也必须加强社会主义核心价值体系教育，培养儿童良好的公民道德素质和勇于探究的创新精神与实践能力。"成美品德"坚持"引导儿童过完整的道德生活，养成美德"的课程理念，从儿童实际生活出发，以儿童生活经验为基础，通过活动的方式，引导儿童更好地适应学校生活和社会生活，满足儿童的身心需要，完善其行为习惯，培养学生具有正确的价值观，让儿童在充

满探究与创造乐趣的童年生活中学会生活、学会做人、适应社会，最终形成良好的品德，拥有健全的人格，满足个人成长的道德需求，顺应国家及社会发展的要求。

（撰稿人：梁敏　张凯奇）

第二章

醇美语文： 让儿童享受语文的醇芳与唯美

　　欣赏汉语言文字的音韵美，品析汉语言文字的形意美，发掘汉语言文字的内涵美，领悟汉语言文字的哲理美，感受语文课程内容的醇厚，体会语文学习过程的醇真，浸润语文人文精神的醇和，让儿童享受语文的醇芳与唯美，活化思维，滋养生命，提升境界，这便是"醇美语文"的魅力。

广州市黄埔区怡园小学语文学科，师资队伍优良、结构合理。怡园小学语文科组共92人，其中高级教师5人，一级教师31人，二级教师17人，既有经验丰富的资深教师，又不断涌进新生力量，活力无限。在学校"怡文化"的引领下，在学校"如歌式课程"的指导下，秉持"享受语文的醇芳与唯美"的语文课程理念，语文科组充分发挥团队合力，认真开展各项教研活动，积极参加市、区教育主管部门组织的各类活动，在教学、科研等方面取得了一定的成果。科组教师善于思考，勤于钻研，在阅读教学、绘本教学、读写结合等多个主题上开设了课题研究；在"一师一优课，一课一名师"评比活动中，科组老师陆续获得国家级、省级、市区级优课；在区语文教研活动中，每学期均有老师主动承担区公开课，虚心与同仁探讨交流，多名老师成为区名师工作室成员……2015年和2018年，语文科组被评为黄埔区优秀科组，科组建设蒸蒸日上。为更深入地推进我校语文学科发展，现依据《教育部关于全面深化课程改革 落实立德树人根本任务的意见》《义务教育语文课程标准(2011年版)》等，推进我校"醇美语文"学科课程建设的探索与实践。

课程哲学　享受语文的醇芬与唯美

一、学科性质观

《义务教育语文课程标准(2011年版)》中把语文的课程性质确定为：语文课程是一门学习语言文字运用的综合性、实践性课程。义务教育阶段的语文课程，应使学生初步学会运用祖国语言文字进行交流沟通，吸收古今中外优秀文化，提高思想文化修养，促进自身精神成长。工具性与人文性的统一，是语文课程的基本特点。

语文的核心素养，包括了语言的建构和运用、思维的发展和提升、审美的鉴赏和创造以及文化的理解和传承。语文课程应激发和培育学生热爱祖国语文的思想感情，引导学生丰富语言的积累，培养语感，发展思维，初步掌握学习语文的基本方法，养成良好的学习习惯，具有适应实际需要的识字写字能力、阅读能力、写作能力、口语交际能力,正确地理解和运用祖国语言。同时,语文课程还应通过优秀文化的熏陶感染,提高学生的思想道德修养和审美情趣,使他们逐步形成良好的个性和健全的人格,促进其德、智、体、美、劳诸方面的全面协调发展。

因此,紧扣语文的核心素养,在实践中继承我国语文教育的优良传统,注重整体把握和熏陶感染,是母语教学的正道。根据"怡美教育"哲学,我校设定语文课程的学科价值观为:让儿童享受语文的醇芳与唯美。孩子们在"醇美语文"课堂中,遵循学习规律,通过真切的学习体验,欣赏中华文字的音韵美,品析语言文字的形意美,发掘汉字的字内涵美,领悟文字文章背后的文化,从而全面感受语言文字的醇厚,体会语文学习过程的醇真。这样的语文课,将充满着浓浓的语文味,弥漫着浓郁的文化意蕴。学生如同置身于语文百花园中,活化思维,浸润生命,提升境界,享受语文课堂和乐融融的醇和之美。

二、 学科课程理念

我校语文课程哲学是"醇美语文"。语文课程理念为:让儿童享受语文的醇芳与唯美。

"醇美语文"散发着醇厚之美,关注学生语文基础知识能力的获取和学习习惯的养成。在通往自主母语学习之路上,能力和习惯的作用,相辅相成。通过识字写字能力、阅读能力、表达能力等能力的培养,学生建构基础而全面的语文知识能力系统。对学生写字、读书、合作学习、乐于分享等良好的语文学习习惯的培养,为其持久的学习奠基独立自主的学习品质。如此,学生才能由内而外散发出浓厚的语文味,真正感受到语文的美好。

"醇美语文"激荡着醇真之美,注重学生审美意趣的培养和思维能力的发展。作为学习的主体,每一个学生的思想和思维都有自身的独特性,在语文的学习体验中各自呈现不同的主观感受。诗词歌赋,自传小说,形式不一,内涵丰广,意蕴各异;文人骚客,精神的力量代代相传,或刚或柔,或忠或孝;汉字精妙,阅读思辨,口语际会,文章言志。"醇美语文"通过母语文化的熏陶,对学生适当进行点拨指引,因材施教,激发学生的思维内核,培养学生独立的思辨能力和健康的思想情操。

"醇美语文"弥漫着醇和之美,重视语文课堂和乐融融的学习氛围的营造。语文是一门工具性和人文性相统一的学科,要使学生轻松、愉悦地走进语文的殿堂,需要教师为之创造融洽和谐的学习环境。在教学活动中,教师遵循学生的认知特点和成长规律,引导学生积极交流分享,倾听学生不同的内心表达。在评价方式上,教师多采取鼓励的方式,尊重每位学生的想法,让人人都有话可说,想说敢说。同时,教师不断创新教学手段,为课堂注入丰富多彩、趣味盎然的教学方式,激发学生的学习兴趣,让学生享受语文学习过程的乐趣。

作为广州市智慧阅读实验学校和黄埔区课外阅读示范校,我校语文学科校本化实施的路径将以阅读为主,强化阅读实践,在课内外阅读中落实学生语言文字的积累和运用,提升其表达实践能力,让阅读浸润学生的童年。在此基础上,逐步抵达语文的核心素养,即语言的建构和运用、思维的发展和提升、审美的鉴赏和创造以及文化的理解和传承。

课程目标　品味语文的香醇与美好

一、 学科课程总体目标

依据《义务教育语文课程标准(2011 年版)》,语文科组确定我校语文课程的总体目标:在语文学习过程中,培养爱国主义、集体主义、社会主义思想道德和健康的审美情趣,发展个性,培养创新精神和合作精神,逐步形成积极的人生态度和正确的价值观;认识中华文化的丰厚博大,汲取民族文化智慧,关心当代文化生活,尊重多样文化,吸收人类优秀文化的营养,提高文化品位;培育热爱祖国语言文字的情感,增强学习语文的自信心,养成良好的语文学习习惯,初步掌握学习语文的基本方法。

二、 学科课程的年级目标

学段目标又可以细分为年级目标。根据各年级的目标划分,我校分别从识字与写字、阅读、口语交际、写作和综合性学习五个方面进行设计,制定符合学生生理、心理以及语言发展能力的阶段性目标内容,循序渐进地培养学生的语文综合能力和人文、科学素养。年级目标见表 2-1。

表 2－1　语文学科课程年级目标

目标 年级	识字与写字	阅读	口语交际	写作	综合性学习
一年级	1. 学会汉语拼音。能读准声母、韵母、声调，能整体认读音节。能准确地拼读音节，正确书写声母、韵母和音节。 2. 认识大写字母，熟读《汉语拼音字母表》。学习使用音序查字法查字典。 3. 学习独立识字。能借助汉语拼音识字，正音，学说普通话。 4. 喜欢学习汉字，有主动识字、写字的愿望。 5. 认识常用汉字700个，会写汉字300个。 6. 掌握汉字的基本笔画和常用的偏旁部首，能按笔顺规则写字，注意间架结构，把字写得正确、端正、整洁。 7. 养成良好的写字习惯，写字姿势正确。	1. 喜欢阅读，感受阅读的乐趣。爱护图书。 2. 学习用普通话正确、流利地朗读课文。 3. 在阅读中积累词语。借助读物中的图画阅读。结合上下文和生活实际了解课文中词句的意思。 4. 对读物中感兴趣的内容有自己的感受和想法，乐于与他人交流。 5. 诵读儿歌和浅近的古诗，展开想象，获得初步的情感体验，感受语言的优美。 6. 认识课文中出现的常用标点符号，在读文中体会句号、问号、感叹号所表达的不同语气。认识自然段。 7. 积累古诗和名言警句。课外阅读，行课外阅读总量不少于2万字。	1. 学讲普通话，逐步养成讲普通话的习惯。 2. 能认真听别人讲话，努力了解讲话的主要内容。 3. 听故事，能记住并讲述主要内容。 4. 与别人交谈，态度自然大方，有礼貌。 5. 有表达的自信心。积极参加讨论，敢于发表自己的意见。	1. 能用学过的词语写两个以上相互关联的完整句子。 2. 不会写又没学过的字可以用音节来写。 3. 字迹工整。 4. 会用逗号、句号，感叹号。	1. 对周围事物有好奇心，能就感兴趣的内容提出问题，结合课内外阅读，共同讨论。 2. 结合语文学习，观察大自然，用口头或图文等方式表达自己的观察所得。 3. 热心参加校园、社区活动。结合活动，用口头文字等方式图文表达自己的见闻和想法。

续表

目标＼年级	识字与写字	阅读	口语交际	写作	综合性学习
二年级	1. 喜欢学习汉字，有主动识字、写字的愿望。 2. 认识常用汉字900个，会写汉字500个。 3. 注意汉字的间架结构，初步感受汉字的形体美。 4. 养成良好的写字习惯，书写姿势正确，书写规范、端正、整洁。 5. 学习独立识字。学习使用部首查字法查字典。	1. 喜欢阅读，感受阅读的乐趣，养成爱护图书的习惯。 2. 用普通话正确、流利地朗读课文。学习默读。 3. 结合上下文和生活经验了解课文中词句的意思，在阅读中积累词语。 4. 阅读浅近的童话、寓言、故事，对感兴趣的人物和事件有自己的感受和想法，并乐于与人交流。 5. 诵读儿歌和浅近的古诗，展开想象，获得初步的情感体验，感受语言的优美。 6. 在阅读中体会句号、问号、感叹号所表达的不同语气。 7. 积累自己喜欢的成语和格言警句。背诵优秀诗文，并课外阅读总量不少于3万字。	1. 能认真听别人讲话，努力了解讲话的主要内容。 2. 能较完整地讲述小故事，能简要讲述自己感兴趣的见闻。 3. 与别人交谈，态度自然大方，有礼貌。 4. 有表达的自信心。积极参加讨论，敢于发表自己的意见。	1. 对写话有兴趣，留心周围事物，写自己想说的话、写想象中的事物。 2. 在写话中乐于运用阅读和生活中学到的词语。 3. 根据表达的需要，学习使用逗号、句号、问号、感叹号。	1. 对周围事物有好奇心，能就感兴趣的内容提出问题，结合课内外阅读，共同讨论。 2. 结合语文学习，观察大自然，用口头或图文等方式表达自己的观察所得。 3. 热心参加校园、社区活动。
三年级	1. 对学习汉字产生浓厚的兴趣，养成主动识字的习惯。 2. 认识常用汉字500个，会写常用汉字500个。	1. 用普通话正确、流利、有感情地朗读课文。能试着一边读一边想象画面。 2. 初步学会默读，做到不出声，不指读。学习略读，粗知文章大意。	1. 能用普通话交谈。能说清楚想法和理由。学会倾听，耐心听他人分享，尊重不同的态度。	1. 乐于书面表达，增强习作的自信心。愿意与他人分享习作的快乐。 2. 观察周围世界，能不拘形式地写下自己的见闻和想法。	1. 能小组分工合作，用不同方式收集介绍我国传统节日的资料，并记录这些节日的相关风俗。

续表

目标 年级	识字与写字	阅读	口语交际	写作	综合性学习
三年级	3. 有初步的独立识字能力，会运用音序检字法和部首检字法查字典、词典。 4. 能使用硬笔书写正楷字，做到规范、端正、整洁。 5. 写字姿势正确，有良好的书写习惯。	3. 能联系上下文理解词句的意思。能借助字典、词典，理解词语的意义。 4. 能运用多种方法理解难懂的句子。 5. 能借助关键语句概括一段话的大意，了解课文是怎么围绕一个意思把一段话写清楚的。 6. 能了解课文是从哪几个方面把事物写清楚的。能详细复述叙事性作品。 7. 能初步把握文章的主要内容。能对课文中不理解的地方提出疑问。 8. 初步感受作品中生动的形象和优美的语言，关心作品中人物的命运和喜怒哀乐，与他人交流自己的阅读感受。 9. 诵读寓言故事，能明白其中道理。 10. 诵读优秀诗文，展开想象，借助注释、了解诗句的大意。 11. 在理解语句的过程中，体会句号与逗号的不同用法。了解冒号、引号的一般用法。 12. 积累课文中的优美词语、精彩句段，以及在课外阅读和生活中获得的语言材料。	想法。能就不理解的地方向人请教，就同一的意见与人商讨。 2. 把握主要内容，并能简要转述。 3. 能清楚明白地讲述见闻，并说出自己的感受和想法。 4. 能用合适的语气，从别人的角度着想来劝告别人。 5. 能运用合适的方法，把故事讲得更吸引人。	己的见闻、感受和想象。 3. 尝试在习作中运用自己平时积累的语言材料，特别是有新鲜感的词句。 4. 学习修改习作中有明显错误表达的语句。根据表达的需要，正确使用句号、逗号等标点符号。	2. 能就自己感兴趣的一个传统节日，写一篇习作，写清楚过节的过程。 3. 能以适当的方式展示综合性学习的成果。 4. 能对其他小组的展示活动做出评价，提出改进建议。

续表

目标／年级	识字与写字	阅读	口语交际	写作	综合性学习
		13. 养成读书看报的习惯，收藏图书资料，乐于与同学交流。课外阅读总量不少于20万字。			
四年级	1. 认识388个要求会认的生字，能准确书写372个生字。 2. 能运用各种识字方法主动识字，认识生活中遇到的不认识的字。 3. 熟练地使用字典、词典，具有独立识字的能力。 4. 能熟练地用硬笔书写正楷字，做到规范、端正、整洁，能用毛笔临摹字帖。	1. 能用普通话正确、流利、有感情地朗读课文，读出文中表达的感情。 2. 能运用不同方法理解词语，结合语境环境辨别词语的感情色彩，并联系上下文和生活实际体会词语在表情达意上的作用。 3. 能正确体会句子的感情色彩，联系上下文及结合时代背景初步理解含义深刻的句子。养成自觉积累词句或含义深刻的句子。 4. 能初步把握文章的主要内容，体会文章表达的思想感情。能复述叙事性作品的大意，初步认识文章的篇章结构。 5. 注意积累语言材料，如成语、谚语、对联、名言、优秀文段等。课外阅读总量不少于25万字。 6. 获得的语言材料在课外阅读和生活中积累运用。	1. 能用普通话交谈，认真倾听，抓住要点，并简要转述。能就不理解的地方向人请教，就不同的部分与人商讨。 2. 能清楚明白地讲述见闻，并说出自己的感受和想法。 3. 能具体生动地讲故事，努力打动他人。 4. 能在不同的交际情境中进行倾听和表达。	1. 留心观察周围事物，乐于书面表达，增强习作的自信心。 2. 能不拘形式地写下见闻、感受和想象。注意表现自己觉得新奇有趣的或印象最深、最受感动的内容。 3. 学习具体的描写方法，能从动作、语言等方面描写人物，推动事情发展或表现人物特点。 4. 学习用规范的修改符号，修改习作中有明显错误的词语、句子或标点符号。 5. 愿意将自己的习作读给他人听，与他人分享习作的快乐。	1. 能提出有关学习和生活中的问题，有目的地搜集资料，共同讨论，解决简单问题。从中学会合作。 2. 观察自然、社会，尝试用口头或书面语言，表达自己的观察所得。 3. 在老师的组织指导下，开展语文活动，从中学习语文、学会合作。 4. 在家庭、社会生活中，尝试运用语文知识和能力解决简单的问题。

续表

目标＼年级	识字与写字	阅读	口语交际	写作	综合性学习
五年级	1. 认识 400 个要求会认的生字，能准确书写 300 个生字。 2. 能运用各种识字方法，养成自主识字的习惯。能借助已有的识字知识和方法学习生字，能在预习中较好地完成识字任务。遇到生字，能够积极、主动地运用工具书选择正确的查字法，独立解决。 3. 能借助工具书，联系上下文和自己的积累正确理解词语的意思。能准确辨析词语意思，品味在语境中意味的准确性以及表达效果。 4. 能熟练地用硬笔书写正楷字，能做到规范、端正、整洁。能有一定的速度。能用毛笔临摹正楷字帖，能基本掌握正笔毛笔的执笔、运笔和收笔的方法。	1. 阅读叙事性作品，能按照起因、经过、结果复述文章的主要内容。受到优秀作品的感染和激励，向往和追求美好的理想。 2. 阅读诗歌，大体把握诗意，想像诗歌描述的情境，体会诗人的情感。 3. 阅读文言文，能借助课后注释了解大意。 4. 阅读说明性文章，能抓住要点，了解文章的基本说明方法。 5. 阅读简单的非连续性文本，能从图文等组合材料中找出有价值的信息。 6. 能初步分析文章的表达技巧，领悟文章的基本表达方法。 7. 尝试把自己掌握的读书方法运用到课外阅读，联系上下文和自己的积累，学习推想文章中有关词句的意思。 8. 课外阅读能做到范读和精读适当相结合，精读的内容做到适当的标记和批注。乐于与他人分享阅读的感受，在交流讨论中敢于提出自己的看法。课外阅读总量不少于 50 万字。	1. 认真倾听，能抓住要点。 2. 说话文明、礼貌，表达时能抓住基本要点，做到有条有理，语句通顺。 3. 通过叙述事情、劝说、讨论、辩论、聊热门话题，训练组织语言的能力，培养良好的语言习惯。	1. 懂得写作是为了自己表达和与人交流，表达真情实感。养成留心观察周围事物的习惯，识地丰富自己的见闻，珍视个人的独特感受，积累写作素材。学会写读书笔记。 2. 能写简单的记实作文，学写常见的应用文。 3. 内容具体，感情真实。能够运用恰当的描写方法，描写、说明、叙述、议论能表现人物、事物的特点或推动情节的发展。	1. 策划并开展简单的小组活动，学写简单的活动计划。 2. 为解决学习和生活中的相关问题，利用图书馆、网络等信息渠道获取资料。 3. 初步学会有目的地收集和处理信息，学写简单的研究报告。 4. 初步养成留心信息的好习惯，逐步学会搜索信息、运用信息，善于利用别人交流信息。

续表

目标／年级	识字与写字	阅读	口语交际	写作	综合性学习
六年级	1. 学会教材的 200 个生字，读准字音、认清字形，了解字在具体语境中的意思，并会运用。 2. 灵活运用已有的识字方法，具有独立识字的能力和习惯。 3. 借助工具书和自己的知识经验，联系上下文和自己的知识经验、联系上下文和具体的语言环境，推想词语的意思。 4. 能准确辨析形近字、同音字、同义字。 5. 能熟练地运用硬笔、毛笔书写正确、整洁，行文做到规范、整齐，在书写中体会汉字的优美。	1. 能概括事件的梗概，大体把握诗歌的诗意，抓住说明性文章的要点及非连续性文本的有价值的信息。 2. 能分析文章简单的表达方法，理清文章的叙述顺序并能体会其表达效果。 3. 继续领悟文章基本的表达方法和文章结构特点。 4. 阅读不同文体裁的作品，能说出自己的阅读感受，在交流和讨论中，敢于提出自己的看法，做出自己的判断。 5. 能从一篇文章拓展阅读同一主题的文章，运用一篇带多篇的阅读方法加深对文章主题的理解和认识。 6. 努力拓展自己的阅读面，阅读量总量不少于 55 万字。	1. 与人交流能尊重和理解对方。 2. 乐于参与讨论，敢于发表自己的意见。 3. 听人说话认真、耐心，能抓住重点，并能简要转述。 4. 表达有条理，语气、语调适当。 5. 能根据对象和场合，稍做准备后做简单的发言。 6. 注意语言美，抵制不文明的语言。	1. 懂得写作是为了自己表达和与人交流，注意从便于读者阅读的角度去表达。 2. 养成留心观察周围事物的习惯，留心生活中的民风民俗，关注自己第一次的经历，人的生存之道，校园生活。 3. 有意识地丰富自己的独特见闻，珍视个人的独特特点，积累写作素材，经常摘抄词句。 4. 能写简单的记实作文、想象作文，学会读书笔记，学会做常见的应用文。 5. 内容具体，感情真实，能够运用恰当的描写方法。描写、说明、叙述、议论能表现人物、事物的特点或推进动情节的发展。 6. 修改自己的习作并主动与他人交换修改。	1. 为解决学习和生活的相关问题，利用图书馆、网络等信息渠道获取简单的资料，尝试写简单的研究报告。 2. 策划简单的校园活动和社会活动，对所策划的主题进行讨论、分析，学写活动计划和活动总结。 3. 对自己身边的、大家共同关注的问题，或电影、电视中的故事和形象，组织讨论，开展专题演讲，学习辨别是非、善恶、美丑。 4. 初步了解查找资料、运用资料的基本方法。

由此可见，"醇美语文"的学科目标设置具有系统、全面的特点，既从整体出发，又尊重个体，科学细致地指引着不同年龄的学生开展母语学习，品味语文的醇真与美好。

课程坐标 充满着醇美的语文课程

我校"醇美语文"课程框架依据学校"如歌式课程"体系，分为以国家课程为主体的基础性课程和以校本课程为主体的拓展性课程。基础性课程为学生统一学习的课程内容，重在培养学生的全面素养，培养学生终身发展和适应未来社会所需的共同基础。拓展性课程是由学生自主选择的学习内容，主要满足学生的个性化学习需求，开发和培育学生的潜能和特长，培养学生的自我认知和自我发展能力。

一、 学科课程结构

根据《义务教育语文课程标准（2011 年版）》，语文学科课程结构分为识字与写字、阅读、写作（第一学段为写话，第二、第三学段为习作）、口语交际和综合性学习五大领域，以加强语文课程内部诸多方面的联系，加强与其他课程以及与生活的联系，促进学生语文素养全面协调地发展。

依据国家有关方针政策，我校基础性课程中，以国家统编教材为载体，落实国家课程。拓展性课程以《义务教育语文课程标准（2011 年版）》为依据，关注小学语文学科核心素养，结合小学生的发展特点以及我校学生的学生特质，从"多元识写、唯美阅读、快乐交际、真情习作、生活实践"五个维度，按年级分阶段设计了 60 门课程，共同指向学生的语文综合素养。

（一）多元识写

识字、写字是阅读和写作的基础，是第一学段的教学重点，也是贯穿整个义务教育阶段的重要教学内容。根据不同年级的识字写字目标，"醇美语文"课程在识字写字维

图 2-1 "醇美语文"课程结构图

度上设计的内容为"趣味识字、词语拼盘、字源奇说、词语王国、妙语连珠、字形辨析"等，目的在于引导学生主动识字、识用结合，激发和培育学生自主识字的兴趣，提高学生的识字能力。

（二）唯美阅读

阅读是运用语言文字获取信息、认识世界、发展思维、获得审美体验的重要途径。根据不同年级的阅读目标，"醇美语文"课程在阅读维度上设计的内容为"亲子悦读、童诗花园、绘本之家、童话世界、寓言故事、神话传说"等，旨在培养学生广泛的阅读兴趣，扩大阅读面，提高阅读素养。在阅读教学中，重视阅读方法的指导，使学生获得阅读迁移的能力；还注重培养学生感受、理解、欣赏和评价的能力，从而培养学生的语感、发展学生的思维、提高学生的审美鉴赏力，使其成为优秀文化的传承者。

（三）快乐交际

口语交际注重培养学生倾听、表达和应对的能力，根据不同年级的口语交际目标，"醇美语文"课程在口语交际维度上设计的内容为"拼音游戏、点读儿歌、快乐交友、角色扮演、故事茶馆、主题演讲"等,侧重于创设真实的情境,通过多种形式的师生、生生合作交流方式,使学生掌握日常口语交际的基本能力,具备文明和谐地进行人际交流的素养。

(四) 真情习作

习作能力是语文素养的综合体现。根据不同年级的写作目标,"醇美语文"课程在写作维度上设计的内容为"看图说话、写话配图、我的爱好、校园一角、编写童话、读书感悟"等。在写作教学中,注重培养学生的写作兴趣,让学生表达自己的真情实感。

(五) 生活实践

综合性学习是学生语文综合素养的体现。根据不同年级的综合性学习目标,"醇美语文"课程在综合性学习维度上设计的内容为"游览校园、亲近自然、生活达人、当家作主、传统文化、探访古迹"等。语文综合性实践活动的开展,旨在贴近生活,联系实际,架构起语文知识和生活实践的桥梁,培养学生主动探索和研究的能力,提高他们协调和合作的意识。

二、 学科课程图谱

我校"醇美语文"开发了"趣味识字、亲子阅读、点读儿歌、诗歌创作"等课程,循序渐进地培养学生的语文学科素养。我们根据一到六年级学生的不同年龄特点和知识特点,针对性地设定了不同的主题,课程图谱见表2-2。

表2-2 "醇美语文"年级课程图谱

领域 年级	学期	多元识写	唯美阅读	快乐交际	真情习作	生活实践
一年级	上学期	趣味 识字	亲子 悦读	拼音 游戏	看图 说话	游览 校园
	下学期	词语 拼盘	童诗 花园	点读 儿歌	写话 配图	亲近 自然

续表

领域 年级	学期	多元识写	唯美阅读	快乐交际	真情习作	生活实践
二年级	上学期	字源 奇说	绘本 之家	快乐 交友	看图 写话	生活 达人
	下学期	词语 王国	童话 世界	介绍 动物	我的 爱好	当家 作主
三年级	上学期	妙语 连珠	寓言 故事	角色 扮演	校园 一角	课本剧 表演
	下学期	字词 接龙	神话 传说	家中 趣事	观察 日记	了解 动植物
四年级	上学期	成语 擂台	经典 外文	故事 茶馆	编写 童话	传统 文化
	下学期	字形 辨析	美文 赏读	小小 导游	游览 记述	环境 调查
五年级	上学期	汉字 演变	三国 传奇	主题 演讲	读书 感悟	探访 古迹
	下学期	咬文 嚼字	水浒 大义	童年 漫谈	难忘 的人	信息 技术
六年级	上学期	翰墨 飘香	古文 今读	模拟 法庭	诗歌 创作	中外 诗歌
	下学期	汉字 艺术	诗文 大会	难忘 小学	师生 情谊	成长 档案

总而言之，"醇美语文"的学习之旅，是一段层次丰富、内涵丰广的求知旅程，基础与拓展并存，理论同实践齐飞，散发着迷人的香醇气息。

课程实施　陶醉于醇美的语文境界

语文学科具有工具性与人文性统一的特点，是学习好其他学科的基础，同时也是培养学生养成正确人生观、价值观和世界观的一门学科。小学阶段是学生知识的萌芽时期,学好语文尤为重要。

我校"醇美语文"是语文课之美的集中展现,教师应该把美带到课堂上,把美渗透到教学生活中。"醇美语文"包括"多元识写、唯美阅读、快乐交际、真情习作、生活实践"等内容,通过课堂教学、课外阅读和微课程等方式来实施,从而发展学生的思维,提升其学习能力,落实语文课程目标,体现语文学科"让儿童享受语文的醇芳与唯美"的课程理念。我校从"醇美课堂""醇美课程""醇美语文节""醇美语文社团""醇美语文赛事""醇美语文之旅"几个方面进行课程实施。

一、 打造"醇美课堂",提升语文课程品质

何为"醇美"?《现代汉语规范词典》对"醇"字的解释为"酒味纯正浓厚;泛指味道纯正浓厚",而"醇美"的意思即为"(味道)醇厚甘美"。好的语文课堂应该犹如甘醇的美酒,醇厚甘美,韵味浓郁,让人品后回味无穷。在原有的课堂文化基础上,学校进行了课堂教学文化的重新调整,聚焦学生核心素养,致力于创设拥有怡心怡身、至善至美特质的"醇美课堂",更多地关注到学科核心素养,体现出语文课堂的醇厚、醇正、醇真、醇和之美。下面进一步明确语文学科课堂建设的方向。

一是语文基础的"醇厚之美"。"厚"的不仅仅是源自教材课本中字词句段的深研细究,更是源自汉语言本来的质地,关注学生语文素养的提升,关注教材,挖掘文化。关注语文学习的本质,制定切实可行的教学目标是实施"醇美课堂"的关键。"醇厚"的语文是摒弃了所有虚伪与做作的真实呈现,便于学生从中体悟真正的、属于语文本身的规律和意识。"醇厚"是语文的质地,是语文的底蕴,没有质地的语文课,就谈不上醇美了。

二是语文本体的"醇正之美"。"醇正之味"不仅是浓浓的"语文味",还是语文课堂的"趣味"和"人文味"。我们应努力探索运用"语文味"激发学生爱语文的情感,帮助学生从"语文"的角度观赏语文,寻找学生语文思维的敏感区域,进行人文底蕴的渗透,审美情趣的滋养,文化的传承和价值的认同;也应该在教学形式上融入更多的趣味,让学生更加乐于学习。所谓:知之者不如好之者,好之者不如乐之者。

三是语文学习"醇真之美"。"真"与"实",即学习真正发生在学生身上,学生以真

实的状态在课堂里，真正体现"以生为本，以学定教"。教师在基于课标的基础上，把握学生的认知基础和规律，通过学生学习过程及结果的"互动交流"，找到学生的最近发展区，并及时跟进，用精要的点拨引发学生主动联系已有知识和实际经验，进行深层次的思考，激励学生勇于质疑，敢于创新，实现最大学习效用。把学生放在课堂的中央，真切地感受他们活泼的生命，在语文的润泽下茁壮成长。

四是语文课堂的"醇和之美"。"和"是融洽的课堂氛围，教师在教学活动中要尊重学生，多用鼓励的方式评价学生，以促进学生丰厚学习，增厚积淀，实现自我。语文是一门很感性的学科，课堂上要弥漫一种其乐融融的氛围美，它能促进师生之间、学生之间感情和信息的无障碍交流。

"醇美课堂"向40分钟要效率，通过深入课堂，常态观课，组织教师们参加怡园小学"怡新杯"教师课堂展示活动，组织新教学方式优质课，制作微课，开展经验分享等活动践行"醇美课堂"。

二、 建设"醇美课程"，丰富语文学习内容

"醇美课程"旨在通过学科课程矩阵来确定课程与学校育人目标之间的相互对应，分析课程对育人目标的达成支持度，优化课程体系，以"1＋X"的模式建设。它是在基础课程之上，根据学情、师情、校情创造性研发的拓展性课程。"1＋X"课程模式是国家课程校本化的实施，课程的丰富性是"醇美课堂"的显著特点。

根据语文学科师资力量，我校倡导教师在国家课程校本化实施的基础上总结经验，以语文学科为原点，设计语文学科特色"1＋X"课程群。"1"是教师所教授的国家基础性课程，"X"是教师根据国家课程开展的拓展性课程，是基础性课程的延伸。

"醇美课程"立足目标，整合基础课程。纵观小学语文教材，内容的编写以单篇呈现，以往老师们逐篇讲解缺乏结构性，"醇美课程"以整合的方式对丰富的课程资源进行再选择、再重组、再创造，改变"教教材"的老旧模式，形成"用教材教"的大语文理念。特别是现在语文学科正处于新旧教材交替的特殊时期，我们要有"旧教材新用"的观念。有统一的目标，相同的主题，因时而教，因地制宜，采用一篇带多篇、问题驱动、共

同写法进行主题式学习、群文阅读。

"醇美课程"借助活动，发展活动课程。活动类课程具有形式多样、时间灵活、学生感兴趣等特点。利用"活动周"的实施模式，举办活动嵌入实施深度课程。我们以学生的活动为主要课程形式，体现了"教、学、做"的统一。

"醇美课程"关注文化，创设传统文化课程。传统文化课程的形式多样，既有书法艺术、剪纸艺术等中华传统文化课程，也有粤剧文化、岭南文化等具有地方特色的课程。

"醇美课程"选择自主，促进选修课程。走班式的自主选择课程充分体现了学生学习的主体性，以兴趣为导向将选择权交给学生。"醇美语文"以丰富的课程门类，优良的课程品质吸引学生，着力适应每一个学生的全面发展，提升每一位老师的专业素养。

三、 创设"醇美语文节"，浓郁课程实施氛围

我校开设丰富多彩的节日活动课程，搭建学习和研讨的平台，让学生在体验教育和实践活动中丰富感性积累，提升理性认知，在交流中促使学生增强认识，提升能力，关注民俗风情，亲近传统文化，弘扬华夏文明。

"醇美语文节"是传递文化的节日。我们的传统节日都蕴含着丰富的传统文化。举办"醇美语文节"，增强了学生语文学习的凝聚力，提升了整体文化氛围，为亲子共学提供了契机。

"醇美语文节"是充满语文味的节日。醇美语文节是为了以节日的方式促进学生的语文学习，提高学生学习语文的兴趣，最终提高学生的语文素养。

"醇美语文节"是充满活力的节日。它为学生营造了有特殊教育功能的情趣氛围。这氛围是一种具有超级魅力的文化气场，它滋养着学生内心，促进学生发展。

我们每年创设"醇美语文节"，积极营造浓厚的语文学习氛围，以不同的主题掀起学生对"醇美语文"的热情。怡园小学的"醇美语文节"课程安排见表 2-3 和表 2-4。

表2-3 "醇美语文节"课程安排表之传统节日

时间	传统节日			
	年级	节日	课程	实施
10 月	一至六年级	国庆节	祖国妈妈我爱你	1. 我为祖国写首诗 2. 诵读爱国美文
11 月		1. 记者节 2. 消防日	1. 爱的奉献 2. 最勇敢的人	1. 听记者的故事 2. 记录消防员的一天
12 月		冬至	寒之始末	1. 听冬至传统故事 2. 赏中外雪情
1 月		元旦	一年之始	我的新年祝福
2 月		1. 春节 2. 元宵节	古老的节日	1. 写对联、说年俗 2. 猜灯谜、创灯谜
3 月		妇女节	美的节日	妈妈我爱你
4 月		1. 植树节 2. 清明节	1. 我和小树 2. 寄托哀思	1. 植树 2. 欣赏清明的诗歌
5 月		劳动节	最光荣的人	1. "我身边的劳动者"故事讲演 2. 劳动颂歌
6 月		儿童节	可爱的你我他	1. 我的六一愿望 2. 六一活动策划书
7 月		建党节	红领巾向太阳	1. 阅读革命故事 2. 讲革命故事
8 月		建军节	绿之风采	军人的故事
9 月		教师节	老师您好	我给老师说句心里话

表2-4 "醇美语文节"课程安排表之特色节日

特色节日	
课程	实施
拼音节 （一年级）	1. 发现生活中的拼音 2. 我给拼音编故事
汉字节 （一至三年级）	1. 我是识字大王 2. 书法大赛

续表

课程	实施
绘本节	1. 绘本故事会 2. 我来创绘本
童话节	1. 讲童话 2. 编童话
成语节	1. 成语接龙大赛 2. 看图、表演猜成语
寓言节	讲寓言增智慧
读书节	1. 各年级布置同一主题书籍阅读 2. 讲故事比赛、读后感比赛、演讲比赛
古诗节	诗词大会
书信节	1. 见字如面 2. 我给亲人写封信
对联节	1. 评选最美对联 2. 对联书法展览
小说节	1. 制作小说推荐卡 2. 我是小说家
戏剧节	1. 我最爱看的戏剧推介 2. 戏剧大舞台

　　节日课程活动要规范化、科学化，真正促进学生的知识和能力的发展，就必须构建合理的评价体系，对节日课程活动的评价应从主题、内容、形式、过程、效果等角度，通过观摩谈话、案例分析等方法及时进行。

四、 组织"醇美语文社团"，搭建语文学习舞台

　　学生社团是现代学校建设的重要资源，随着课程内容的不断拓展，学生社团已经成为发展学生自主管理的新型课程，是实施素质教育的重要内容。"醇美语文社团"作为学生发挥个性、施展潜能的强大阵地，不仅课程类型丰富，更是在实施过程中重视学

生的成长和独特的体验。

"醇美语文社团"的建设以语文兴趣为主导,通过培养学生的兴趣爱好,发展学生的个性特长,为学生提供展示自己爱好与技能的广阔舞台,使学生展现最真实的自己。

"醇美语文社团"以发展学生的能力为重点,锻炼学生的身体素质,促进学生身心发展;培养学生的竞争意识、合作精神和坚强毅力;丰富学生的知识,使学生尽最大可能地发挥出自己的才智,挖掘自身最大的潜力。

"醇美语文社团"以"服务学校"为宗旨,将社团建设与学校建设融合在一起,让学生在发展能力的同时,养成服务学校、服务社会的观念,培养积极向上的价值观。

"醇美语文社团"尊重地方特色,安排特色社团。通过社团这一展示舞台,让学生更加了解岭南的历史文化,增强学生的家乡认同感。怡园小学的"醇美语文社团"结构图见图 2-2。

图 2-2 "醇美语文社团"结构图

五、 开展"醇美语文赛事", 激发语文学习兴趣

怡园小学开展"醇美语文赛事",通过每年一度的各种赛事评比,发展学生的特性特长,展示学生的风采。

"醇美语文赛事"促进学生语文能力的提高。无论采用哪种形式的活动,我们的最终目的是发展学生的语文能力。比赛内容的设置与语文要素紧密相关,通过多种形式、多个方面、多种途径来推动学生语文能力的提高。

"醇美语文赛事"激发学生学习语文的兴趣和热情,学生的成长需要教师的引领,需要形式多样的活动来促进,而比赛的活动形式符合小学生争强好胜的心理,能够最大程度激发学生的学习兴趣和热情,让学生在原有的基础上奋力一跳,取得更好的学习效果。

"醇美语文赛事"给学生提供展示的舞台,挖掘学生的特长,培养人才。在公平公正的比赛氛围中,学生能够尽情地展示自己的才华,肯定自己的努力和能力。通过比赛结果的肯定,学生发现自己的特长,从而更加坚定地发展自己的特长,成长为某一方面的人才。怡园小学"醇美语文赛事"安排见表2-5。

表2-5　"醇美语文赛事"安排表

时间	年级	赛事内容	赛事实施	备注
3月	一至二年级	"寒假读一本好书"讲故事比赛	1. 寒假读书布置 2. 校内初赛选拔 3. 黄埔区决赛	
	三至六年级	"寒假读一本好书"征文活动		
4月	一至六年级	"读书节系列活动"	1. 低年级读绘本、画绘本 2. 中高年级进行主题阅读汇报、分享 3. 评选"书香少年""书香班级"	
5月	一至六年级	"诗词大会""诗配画"比赛	1. "诗词大会"校内笔试、校区比赛、区市比赛 2. "诗配画"班级遴选、校赛、区赛	
6月	一至六年级	小学生规范汉字书法比赛	各班遴选、校级比赛、区赛、市赛	
9月	一至二年级	"暑假读一本好书"讲故事比赛	1. 暑假读书布置 2. 校内初赛选拔 3. 黄埔区决赛	
	三至六年级	"暑假读一本好书"征文活动		

时间	年级	赛事内容	赛事实施	备注
10 月	一至二年级	"我爱祖国"绘画比赛	各班遴选、校级比赛、区赛、市赛	
	三至六年级	"我爱祖国"演讲比赛		
11 月	一至二年级	诗歌朗诵比赛	各班遴选、校级比赛	
	三至六年级	经典诵读表演大赛	年级择优组队参赛、区赛、市赛	
12 月	一至六年级	传统节日知识竞赛	各班笔试遴选、校级比赛、区赛、市赛	

六、 推行"醇美语文之旅"，丰富语文与生活的联系

"醇美语文之旅"就是充分利用家庭、社区、学校、社会等一切可以利用的条件为学生营造浓厚的文化氛围，让学生在多元的环境中通过各种渠道感受语文、学习语文。让孩子感到语文无处不在、无时不有，在"醇美"的环境中陶冶情操、健康成长。

陶行知先生认为"生活即教育，社会即学校"：在儿童的生活中，其语言的发展是源源不断的，思维、认知、情感、词汇都在潜移默化中形成。

"醇美语文之旅"关注生活，形成语文意识。陶行知先生认为"是生活就是教育，……是好生活就是好教育，……是合理的生活，就是合理的教育"。生活是儿童语言学习的源泉，只有将语文实践和生活结合起来，语文学习才有源头活水，才有施展才华之地。迈开脚步，行走在"醇美语文之旅"中，生活的语文处处是蓝本、是教材。在关注生活的基础上，语文无处不在。

"醇美语文之旅"感悟生活，激发语文思维。开启语文学习之旅，就是开启了语文思维之路，让学生从生活中发现语文、感悟语文、创造语文，这是实施"醇美语文"的有效途径。只有在实实在在的实践中，只有在广博坚实的视野中形成思维的溪流才能展现语文的活力。在"醇美语文之旅"的行走中，学生用自己的眼睛、用自己的心灵去感悟世界，发现自己。

"醇美语文之旅"归于生活，演绎醇美语文。生活中处处有语文。语文之旅在生活中激发学生展现其语文素养；语文之旅在意识上促进教师形成基于生活的语文课程理念。"醇美语文之旅"实践和凸显了"生活是课程之源"的宗旨。我校设置的"醇美语文之旅"课程见表2-6。

表2-6 "醇美语文之旅"课程活动安排

时间	地点	参与人员	课程
3 月	广州出版社	三年级学生	书的诞生
4 月	烈士陵园	四年级学生	缅怀英雄
5 月	新华书店	一至六年级	书的海洋
6 月	广州画展	一至六年级学生	书画之韵
7 月	广州——湖南——湖北	五年级学生	研学之旅
9 月	黄埔军校	六年级学生	家国情怀
10 月	广州岭南印象园	一至六年级	岭南文化
11 月	广州博物院	五年级	感受历史
1—12 月	黄埔区图书馆	一至六年级学生	童年书馆
3、7、10、12 月	黄埔公园、荔枝公园	一至六年级学生	触摸四季

语文科组在每学期、每月初统一设置各年级进行研学旅行的方案并上报学校，经学校课程委员会批准分批进行集体、小组、亲子活动。

总之，"醇美语文"就是通过"醇美课堂""醇美课程""醇美语文节""醇美语文社团""醇美语文赛事""醇美语文之旅"几个方面，多途径、多维度贯彻和落实语文教学，真正"让儿童享受语文的醇芳与唯美"。

（撰稿人：吴雯倩 张裕）

第三章

智美数学： 走进智慧与美感并存的数学世界

　　数学是智慧的、美丽而耐人寻味的。它是思想与思想的碰撞，是智慧与智慧的交流，更是情感与情感的浸润。让儿童在问题解决中品味智慧之美，在思维发展中品味逻辑之美，在文化浸润中品味价值之美，在探究创造中品味深刻与理性之美，这便是"智美数学"的灵魂。

广州市黄埔区怡园小学数学科组是一支结构合理、素质精良、朝气蓬勃、乐于奉献的教师队伍，曾被评为广州市第三届小学数学学科模范科组、广州市优秀学科实验基地、黄埔区"幸福团队"。数学科组一共有 48 人，其中高级教师 2 人，一级教师 17 人，二级教师 11 人；拥有广东省省级骨干教师 1 人，广州市骨干教师 3 人，广州市中心教研组成员 2 人，区中心组成员数人，多位教师在国家、省、市、区各级优质课、基本功大赛中获奖。为充分发挥课程在素质教育中的重要作用，全面落实《义务教育数学课程标准(2011 年版)》，我校深入推进"智美数学"课程群建设的实践与研究。

课程哲学　寓智慧与美丽于一体的数学

一、学科性质观

《义务教育数学课程标准(2011 年版)》指出：数学是研究数量关系和空间形式的科学。小学数学课程是培养公民素质的基础课程，具有基础性、普及性和发展性，其基本出发点是促进学生全面、持续、和谐的发展。它不仅要考虑数学自身的特点，更应遵循学生学习数学的心理规律，强调从学生已有的知识经验出发，让学生亲身经历将实际问题抽象成数学模型并进行解释和应用的过程，进而使学生在理解数学知识的同时，在思维能力、情感态度与价值观等多个方面得到进步和发展。

我们认为，数学学科课程是寓智慧与美丽于一体的课程，它让孩子们在理解数学知识的同时获得智慧和美感的熏陶。

二、学科课程理念

结合我校"怡美教育"教育哲学以及数学学科实际情况，我们将数学学科课程核心理念定位为"智美数学"。"智美数学"是寓智慧与美丽于一体的数学，我们期望孩子们通过"智美数学"品味问题解决的智慧之美、思维发展的逻辑之美、文化浸润的价值之美、探究创造的深刻之美。

（一）"智美数学"让学生在问题解决中品味智慧之美

"智美数学"注重与生活密切联系，引导孩子发现生活中的数学，并能综合地、创造性地运用已有的数学知识和经验去解决与生活经验密切联系的、具有一定挑战性的综合性问题。我们根据实际情况把一部分课程安排在课内解决，一部分课程内容采取课内和课外相结合的形式进行，通过课程的开展发展孩子的问题解决能力，让孩子在问题解决中品味数学的智慧之美。

（二）"智美数学"让学生在思维发展中品味逻辑之美

苏联教育家加里宁说：数学是思维的体操。R. 柯朗在《什么是数学》中这样解释："数学，作为人类思维的表达形式，反映了人们积极进取的意志、缜密周详的推理以及对完美境界的追求。它的基本要素是：逻辑和直观、分析和推理、共性和个性。""智美数学"离不开严谨的推理与证明过程，而这一过程提升了孩子思维发展的能力，体现了思维的逻辑推理之美。

（三）"智美数学"让学生在文化浸润中品味价值之美

《义务教育数学课程标准（2011 年版）》指出：数学是人类文化的重要组成部分。南开大学顾沛教授在谈及数学文化的内涵时，从狭义和广义两个方面做了阐释。他讲到，从狭义上说，数学文化即数学的思想、精神、方法、观点、语言及其形成和发展过程；从广义上说，除了狭义的内容外，数学文化还包括数学家、数学史、数学美、数学教育、数学发展中的人文成分以及数学与各种文化的关系。"智美数学"通过开设数学文化课程内容，帮助学生了解数学在自然与社会中的应用、数学发展史、数学在人类文明发展中的作用，激发学生学习数学的兴趣，感受数学家治学的严谨，体验数学文化的魅力，欣赏数学的优美。

（四）"智美数学"让学生在探究创造中品味深刻与理性之美

《义务教育数学课程标准（2011 年版）》明确指出数学教育要培养学生创新能力、创造能力和实践能力。"智美数学"通过激发孩子探究和创造的欲望，让孩子们在课内、课外充分经历探究和创造的学习过程，品味深刻和理性之美。

总之，"智美数学"架设数学与生活的联系，注重在数学学习中培养学生的逻辑思维能力和创新意识，带领学生品味数学的智慧之美。

课程目标　品味思维与理性的美好

一、学科课程总体目标

依据《义务教育数学课程标准（2011 年版）》，我校确定数学课程的总体目标是：通过小学数学学习，学生能充分发展数学"四基"，即获得适应社会生活和进一步发展所必需的数学基础知识、基本技能、基本思想、基本活动经验，增强数学能力，培养科学态度；体会数学知识之间、数学与其他学科之间、数学与生活之间的联系，运用数学的思维方式进行思考，增强发现和提出问题的能力、分析和解决问题的能力；了解数学的价值，提高学习数学的兴趣，增强学好数学的信心，养成良好的学习习惯，具有初步的创新意识和科学态度。

二、学科课程年级目标

根据《义务教育数学课程标准（2011 年版）》《义务教育教科书》《义务教育教科书教师教学用书》，结合我校校本课程，数学科组制定我校六年的课程目标，详见表 3-1。

表 3-1　怡园小学"智美数学"课程年级目标

年级	课　程　目　标
一年级	1. 认识计数单位"1"和"10"，初步理解个位、十位上的数表示的意义，能够熟练地数 100 以内的数，会读、写 100 以内的数，掌握 100 以内的数是几个十和几个一组成的，掌握 100 以内数的顺序，会比较 100 以内数的大小，会用 100 以内的数表示日常生活中的事物，会区分几个和第几个，并会进行简单的估计和交流。

年级	课 程 目 标
	2. 初步知道加、减法的含义和加、减法算式中各部分的名称，初步知道加法和减法的关系，比较熟练地计算 20 以内的进位加法和退位减法。 3. 初步学会根据加、减法的含义和算法解决一些简单的实际问题。 4. 认识符号"＝""＞""＜"，会使用这些符号表示数的大小。 5. 直观认识长方体、正方体、圆柱、球、长方形、正方形、三角形、圆、平行四边形。 6. 会用上、下、前、后、左、右描述物体的相对位置。 7. 初步认识钟表，认识整时。 8. 初步了解分类的方法，会进行简单的分类，感受分类与数据整理的关系。 9. 初步认识人民币的单位元、角、分，知道"1 元＝10 角""1 角＝10 分"，知道爱护人民币。 10. 经历从生活中发现和提出问题的过程，初步学习分析问题和解决问题的方法，体验数学与日常生活的密切联系，感受数学在日常生活中的作用。 11. 会探索给定图形和数字排列中的简单规律，有发现和欣赏数学美的意识。 12. 体会学习数学的乐趣，提高学习数学的兴趣，建立学好数学的信心。 13. 初步养成认真作业、书写整洁的良好习惯。 14. 在综合与实践活动中，体验数学与日常生活的密切联系，初步形成探索数学问题的兴趣，初步感受数学思想方法。
二年级	1. 掌握 100 以内笔算加、减法的计算方法，能够正确地进行计算。 2. 认识计算单位"百"和"千"，知道相邻两个计数单位之间的十进关系；掌握万以内的数位顺序，会读、写万以内的数；知道万以内数的组成，会比较万以内数的大小，能用符号和词语描述万以内数的大小；理解并认识万以内的近似数。 3. 初步掌握含有两级运算的两步式题的运算顺序。 4. 知道乘、除法的含义和乘、除法算式中各部分的名称，知道乘法和除法的关系，熟记全部乘法口诀，能够熟练地用乘法口诀求商，熟练地口算两个一位数相乘的乘法和除数是一位数、商是一位数的有余数除法。 5. 初步认识长度单位厘米和米，初步建立 1 米、1 厘米的长度观念，知道"1 米＝100 厘米"，初步学会用刻度尺量物体的长度（限整厘米），初步形成估计物体长度的意识。 6. 初步认识线段，会量整厘米线段的长度；初步认识角，知道角的各部分名称；初步认识直角、锐角和钝角；会用三角尺判断一个角是不是直角；会辨认锐角、钝角；初步学会画线段、角和直角。 7. 能辨认从不同位置观察到的简单物体的形状。 8. 会读、写几时几分，知道"1 时＝60 分"，知道珍惜时间。 9. 通过观察、猜测、实验等活动，找出最简单的事物的排列数和组合数，培养初步的观察、分析和推理能力，初步形成有顺序地、全面地思考问题的意识。 10. 初步认识轴对称现象，初步感知平移、旋转现象。 11. 初步认识质量单位克和千克，初步建立 1 克和 1 千克的质量观念，知道"1 千克＝1 000 克"。

年级	课　程　目　标
	12. 初步了解统计的意义,体验数据的收集、整理、描述和分析的过程,会用简单的方法收集和整理数据,认识简单的统计表;能根据统计表中的数据回答简单的问题,并能够进行简单的分析。 13. 初步形成观察、分析和推理能力。 14. 体会学习数学的乐趣,提高学习数学的兴趣,建立学好数学的信心。 15. 养成认真作业、书写整洁的良好习惯。 16. 在综合与实践活动中,经历自主探索、合作交流的过程,体验数学与日常生活的密切联系。
三年级	1. 能口算两位数加、减两位数,会笔算三位数的加、减法,会进行相应的估算和验算。 2. 会笔算一位数除多位数的除法、两位数乘两位数的乘法,会进行相应的乘、除法估算和验算。 3. 会口算一位数乘整十、整百数,会笔算一位数乘二、三位数,并会进行估算。 4. 会口算除数是一位数,商是整十、整百、整千数的除法,一位数除几百几十(或几千几百)的除法,两位数、整百整十数乘一位数的乘法,两位数乘整千、整百数(每位乘积不满十)的乘法。 5. 初步认识简单的分数(分母小于 10),会读、写分数并知道各部分的名称,初步认识分数的大小,会计算简单的同分母分数的加、减法。 6. 初步认识简单的小数(小数部分不超过两位),初步知道小数的含义,会读、写小数,初步认识小数的大小,会计算一位小数的加、减法。 7. 初步建立倍的概念,理解倍的含义,并能应用其含义解决问题。 8. 掌握长方形、正方形的特征,会在方格纸上画长方形、正方形;知道周长的含义,会计算长方形、正方形的周长。 9. 认识长度单位毫米、分米、千米;初步建立 1 毫米、1 分米、1 千米的长度观念,知道"1千米＝1 000米";认识质量单位吨,初步建立 1 吨的质量观念,知道"1吨＝1 000千克";认识时间单位秒,初步建立分、秒的时间观念,知道"1分＝60秒";会进行有关长度、质量和时间的简单计算。 10. 初步了解集合的思想,形成发现生活中的数学的意识和全面思考问题的意识,初步形成观察、分析和推理的能力。 11. 认识东、南、西、北、东北、西北、东南和西南八个方向,能够根据给定的东、南、西、北中的一个方向辨认其余的三个方向,并能用这些词语描述物体所在的方向。 12. 认识面积的含义,能用自选单位估计和测量图形的面积,体会并认识面积单位(平方厘米、平方分米、平方米、平方千米、公顷),会进行简单的单位换算;掌握长方形、正方形的面积公式,会用公式正确计算长方形、正方形的面积,并能估计给定的长方形、正方形的面积。 13. 认识时间单位年、月、日,了解它们之间的关系;知道各月以及全年的天数;知道24 时计时法,会用 24 时计时法表示时刻。 14. 认识简单的复式统计表;能根据统计图表中的数据提出并回答简单的问题,能够进行简单的分析。

年级	课 程 目 标
	15. 能找出简单事物的排列数和组合数,形成发现生活中的数学的意识,会全面地思考问题,初步形成观察、分析及推理的能力。 16. 经历从实际生活中发现问题、提出问题、解决问题的过程,体会数学在日常生活中的作用,初步形成综合运用数学知识解决问题的能力。 17. 体会学习数学的乐趣,提高学习数学的兴趣,建立学好数学的信心。 18. 养成认真作业、书写整洁的良好习惯。
四年级	1. 认识计数单位"十万""百万""千万""亿""十亿""百亿""千亿",认识自然数,掌握十进制计数法,会根据数级读、写亿以内和亿以上的数,会根据要求用四舍五入法求一个数的近似数。体会和感受大数在日常生活中的应用,进一步发展数感。 2. 会笔算三位数乘两位数的乘法和除数是两位数的除法,会进行相应的乘、除法验算。 3. 会口算整十数除整十数、整十数除几百几十数。 4. 认识面积单位公顷和平方千米。知道公顷、平方千米之间的进率,会进行简单的单位换算。 5. 认识线段、直线和射线,知道它们的区别;认识常见的几种角,会比较角的大小,会用量角器量出角的度数,能按指定度数画角。 6. 认识垂线、平行线,会画垂线;掌握平行四边形和梯形的特征。 7. 认识条形统计图(一代多),会用条形统计图来描述数据,能根据条形统计图回答并提出简单的问题,能进行简单的数据分析。 8. 理解小数的意义和性质,体会小数在日常生活中的应用,进一步发展数感,掌握小数点位置移动引起小数大小变化的规律,掌握小数的加法和减法。 9. 理解四则运算的意义,掌握四则运算中每种运算各部分间的关系,探索和理解加法和乘法的运算定律,会应用它们进行一些简便运算,进一步提高运算能力。 10. 认识三角形的特性,会根据三角形角的特点给三角形分类,知道三角形任意两边之和大于第三边以及三角形的内角和是 $180°$。 11. 能辨认从不同方位看到的物体或几何体的形状图;能在方格纸上补全一个轴对称图形;会在方格纸上将一个简单图形沿水平方向或垂直方向平移。 12. 了解平均数的意义,会求简单数据的平均数(结果是整数);认识不同形式的条形统计图,初步学会简单的数据分析,体会统计在现实生活中的作用。 13. 体会解决问题策略的多样性及运用假设的数学思想方法解决问题的有效性,感受数学的魅力。巩固发现生活中的数学的意识,提高分析及推理的能力。 14. 经历从实际生活中发现问题、提出问题、分析问题、解决问题的过程,体会数学在日常生活中的作用,形成从生活中发现数学问题的意识,初步形成观察、分析及推理的能力。 15. 体会学习数学的乐趣,提高学习数学的兴趣,建立学好数学的信心。 16. 养成认真作业、书写整洁的良好习惯。

年级	课 程 目 标
五年级	1. 能正确地进行小数乘法和除法的笔算。 2. 能在具体的情境中用字母表示数和常见的数量关系,了解等式的性质,能用等式的性质解简单的方程,能用方程表示简单情境中的等量关系并解决问题。 3. 在具体情境中,能在方格纸上用数对(正整数)表示位置。 4. 探索并掌握平行四边形、三角形、梯形的面积公式,并能用公式解决简单的实际问题。 5. 在具体情境中,通过实例感受简单的随机现象,初步体验有些事件的发生是确定的,有些是不确定的;能够列出简单的随机现象中所有可能发生的结果;通过试验、游戏等活动,感受随机现象结果发生的可能性是有大小的,能对简单的随机现象发生的可能性大小做出定性描述,并能进行交流。 6. 初步体会植树问题的模型思想,提高探索解决问题有效方法的能力。 7. 理解分数的意义和基本性质,会比较分数的大小,会进行假分数、带分数、整数、小数之间的互化,能够比较熟练地进行约分和通分。 8. 掌握因数和倍数、质数和合数、奇数和偶数等概念,以及 2、3 和 5 的倍数的特征;会求 100 以内的两个数的最大公因数和最小公倍数。 9. 理解分数加、减法的意义,掌握分数加、减法的计算方法,比较熟练地计算简单的分数加、减法,会解决有关分数加、减法的简单实际问题。 10. 知道体积和容积的意义及度量单位,会进行单位之间的换算,感受有关体积和容积单位的实际意义。 11. 结合具体情境,探索并掌握长方体和正方体的体积、表面积的计算方法,探索某些实物体积的测量方法。 12. 能在方格纸上将简单图形旋转 90°;欣赏生活中的图案,灵活运用平移、轴对称和旋转在方格纸上设计图案。 13. 认识折线统计图,体会折线统计图的特点,能根据需要选择合适的统计图描述数据。 14. 经历从实际生活中发现问题、提出问题、分析问题和解决问题的过程,体会数学在日常生活中的作用,提高综合运用数学知识解决问题的能力。 15. 体会解决问题策略的多样性及运用优化的数学思想方法解决问题的有效性,感受数学的魅力。巩固发现生活中的数学的意识,巩固观察、分析及推理的能力。 16. 体会学习数学的乐趣,提高学习数学的兴趣,建立学好数学的信心。 17. 养成认真作业、书写整洁的良好习惯。
六年级	1. 理解分数乘、除法的意义,掌握分数乘、除法的计算方法,比较熟练地计算简单的分数乘、除法,会进行简单的分数四则混合运算。 2. 理解倒数的意义,掌握求倒数的方法。 3. 理解比的意义和性质,会求比值和化简比,会解决有关比的简单实际问题。 4. 掌握圆的特征,会用圆规画圆,探索并掌握圆的周长和面积公式,能够解决与圆的周长和面积有关的简单实际问题。 5. 能用方向和距离表示位置,初步体会坐标的思想。

续表

年级	课　程　目　标
	6. 理解百分数的意义，比较熟练地进行有关百分数的计算，能够解决有关百分数的简单实际问题。 7. 认识扇形统计图，能根据需要选择合适的统计图表示数据。 8. 了解负数的意义，会用负数解决一些日常生活中的问题。 9. 能够解决有关百分数的简单实际问题。 10. 认识圆柱、圆锥的特征，会计算圆柱的表面积和圆柱、圆锥的体积，能够解决相关的简单实际问题。 11. 理解比例的意义和基本性质，会解比例，理解正比例和反比例的意义，能够判断两种量是否成正比例或反比例，会用比例（尺）知识解决比较简单的相关实际问题，能根据给出的有正比例关系的数据在有坐标系的方格纸上画图，并能根据其中一个量的值估计另一个量的值。 12. 会看比例尺，能利用方格纸等按一定的比例将简单图形放大或缩小。 13. 经历探究"抽屉原理"的过程，初步了解"抽屉原理"，会用"抽屉原理"解决简单的实际问题，发展分析、推理的能力。 14. 经历从实际生活中发现问题、提出问题、分析问题和解决问题的过程，体会数学在日常生活中的作用，提高综合运用数学知识解决问题的能力。 15. 通过系统的整理和复习，加深对小学阶段所学的数学知识的理解和掌握，形成比较合理的、灵活的计算能力，发展思维能力、空间观念和数据分析观念，提高综合运用所学数学知识解决问题的能力。 16. 体会解决问题策略的多样性及运用数学思想方法解决问题的有效性、优越性，感受数学的魅力。增强发现生活中的数学的意识，提高观察、分析及推理的能力。 17. 体会学习数学的乐趣，提高学习数学的兴趣，建立学好数学的信心。 18. 养成认真作业、书写整洁的良好习惯。

　　总之，我校秉承"智美数学"课程理念，围绕课程总目标和年级教学目标，注重发展学生的数感、符号意识、空间观念、几何直观、数据分析观念、运算能力、推理能力、模型思想、应用意识和创新意识，培养具有扎实"四基"，具有较强发现和提出问题、分析和解决问题的能力，具有初步的创新意识和科学态度的学生。

课程坐标　设计启智的数学课程

　　我校"智美数学"课程框架依据国家课程和学校大课程体系，分为以国家课程为主体的基础性课程和以校本课程为主体的拓展性课程。基础性课程为所有学生统一学习的基础课程，具有基础性、普及性和发展性，重在培养学生的全面素养，培养学生掌握必备的基础知识和基本技能，为儿童未来的生活、工作和学习奠定重要的基础。拓展性课程是从提高学生的数学兴趣、数学素养的目的和从数学方法论的意义出发，提供教师指导的学习课程，以供数学爱好者和学有余力的学生选学；主要满足学生的个性化学习需求，开发和培育学生的潜能和特长，培养学生的自我认知和自我发展能力。

一、学科课程结构

《义务教育数学课程标准(2011年版)》在各学段中，安排了四个部分的课程内容："数与代数""图形与几何""统计与概率""综合与实践"。依据以上四大课程内容的相关要求，结合我校历史文化以及学校课程理念，我校在"智美算术""智美图形""智美统计""智美生活"四个方向进行课程构建，从而形成数学学科"智美数学"课程群（见图3-1）。

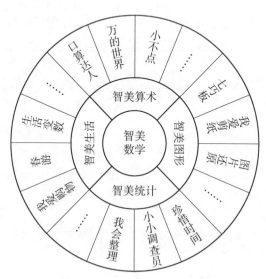

图3-1 "智美数学"课程群

（一）智美算术

通过开展有趣的计算、巧算活动，丰富学生的解题策略，提高学生的计算兴趣、计算能力，发展其思维灵活性。开设的有"分分合合""口算达人""最强笔算""24点""方程魔术师""加分减分"等课程。

（二）智美图形

根据学生已有的生活经验和认知规律，调动学生多种感官进行探究活动，让学生经历剪、拼、画等动手操作活动，体会图形变化的神奇，进一步发展儿童的空间观念。开设的有"拼一拼""七巧板""我爱剪纸""图形还原""几何绘画专家""火柴棒"等课程。

（三）智美统计

依据课标中"统计与概率"领域内的阐述，我们注重儿童根据标准对事物或数据进行分析，经历简单的数据收集和整理的过程，能用自己的方式呈现结果，并体会统计的价值，发展统计观念。开设的有"分类我能行""我会整理""小小调查员""珍惜时间""身高与体重""蛋糕店老板"等课程。

（四）智美生活

实践活动有助于儿童体验数学知识间的内在联系、数学与现实生活的内在联系。依托自主探究、小组合作等形式，为儿童提供参与社会实践活动的平台，使其感悟数学与生活的联系，发展应用意识。开设的有"生活中的数学""数字间的秘密""我爱购物""生活变数""营养食谱""绘制校园平面图"等课程。

二、 学科课程图谱

依据上述四大类，我校一至六年级十二个学期分别开设如表3-2所示的课程。

表 3-2 "智美数学"课程设置表

年级 \ 学期 \ 领域		智美算术	智美图形	智美统计	智美生活
一年级	上学期	分分合合	拼一拼	分类我能行（一）	生活中的数学
	下学期	口算达人	七巧板	我会整理	数字间的秘密
二年级	上学期	最强笔算	我爱剪纸	分类我能行（二）	我爱购物
	下学期	24 点	图片还原	小小调查员	数学与游戏
三年级	上学期	万的世界	数独	珍惜时间	生活变数
	下学期	小不点	火柴棒	身高与体重	春游
四年级	上学期	巧算王	几何绘画专家	蛋糕店老板	运筹学
	下学期	混算高手	神奇的内角和	广州气温变化（一）	营养食谱
五年级	上学期	方程魔术师	粉刷墙面	摸球	估计高度
	下学期	加分减分	包装小礼品	广州气温变化（二）	快乐百分百
六年级	上学期	巧算高手	有趣的圆	家庭消费调查	珍惜水资源
	下学期	最美比例	花瓶的肚量	股票中的数学	绘制校园平面图

三、学科课程设置

除了基础课程之外，我校秉承"智美数学"课程理念，引导儿童"走进智慧与美感并存的数学世界"，在一至六年级十二个学期开设如表 3-3 所示的拓展性课程。

表 3-3 怡园小学"智美数学"课程群具体内容

年级		课程领域	课程名称	课 程 要 点
一年级	上学期	智美算术	分分合合	1. 掌握 10 以内个数的组成。 2. 熟练口算 20 以内的加法、10 以内的减法。

续表

年级	课程领域	课程名称	课 程 要 点
下学期	智美图形	拼一拼	1. 认识常见的立体图形，如长方体、正方体、圆柱、球。 2. 通过拼搭，进一步感受立体图形的特征，发展空间观念。
	智美统计	分类我能行(一)	1. 初步了解分类的方法。 2. 会进行简单的分类。
	智美生活	生活中的数学	寻找生活中的数学信息，根据加、减法的含义解决简单的实际问题。
	智美算术	口算达人	1. 会熟练口算 20 以内的退位减法，会计算 100 以内两位数加、减一位数。 2. 会进行简单的估算。
	智美图形	七巧板	1. 认识七巧板，进一步了解平面图形的特征。 2. 会用七巧板拼出不同的图形。 3. 培养观察力、记忆力、空间想象能力、创新意识、创造性思维能力，发展实际操作能力。
	智美统计	我会整理	初步感受数据的收集、整理、描述、分析的过程，会用简单的方法收集、整理数据，能根据图表数据提出并回答简单的问题。
	智美生活	数字间的秘密	探索排列中的规律。初步形成发现数学美和欣赏数学美的意识。
二年级 上学期	智美算术	最强笔算	1. 能正确笔算 100 以内加、减法。 2. 熟练地口算两个一位数相乘。
	智美图形	我爱剪纸	初步感受轴对称现象。通过折、剪、画，进一步认识轴对称图形。
	智美统计	分类我能行(二)	对数据进行整理、分析，依据分类标准得出结论，为以后学习统计与概率其他方面的数学知识积累感性认识。
	智美生活	我爱购物	在购物过程中体会数学与生活的紧密联系，培养综合运用数学知识解决问题的能力，养成学数学、用数学的意识。
下学期	智美算术	24 点	会进行简单的混合运算，掌握算 24 点的基本方法，在加、减、乘、除口算练习中，进一步提高口算能力。激发学生的学习兴趣。
	智美图形	图片还原	进一步感知平移、旋转现象。在方格纸上沿水平、垂直方向平移。

年级		课程领域	课程名称	课 程 要 点
		智美统计	小小调查员	学会初步调查的方法。会用简单的方法收集和整理数据。
		智美生活	数学与游戏	了解游戏中的数学知识,体会数学与生活之间的联系。
三年级	上学期	智美算术	万的世界	1. 会笔算万以内的加、减法。 2. 会笔算一位数乘两、三位数。 3. 熟练地计算除数和商是一位数的有余数的除法。
		智美图形	数独	1. 认识数独游戏的规则,掌握玩数独的方法。 2. 初步形成观察、分析及推理的能力。
		智美统计	珍惜时间	1. 认识时间单位秒,初步建立分、秒的时间观念,知道"1分 = 60秒"。 2. 探索与时间有关的现实问题,会进行一些有关时间的简单计算。
		智美生活	生活变数	1. 进一步体验有些事件的发生是确定的,有些则是不确定的。 2. 能够列出简单实验的所有可能发生的结果,知道事件发生的可能性是有大小的,能对一些简单事件发生的可能性做出描述。
	下学期	智美算术	小不点	1. 会笔算一位数除多位数的除法、两位数乘两位数的乘法,会进行相应的乘、除法估算和验算。 2. 初步认识简单的小数(小数部分不超过两位),初步知道小数的含义,会读、写小数,初步认识小数的大小,会计算一位小数的加、减法。
		智美图形	火柴棒	培养观察、分析及推理的能力。
		智美统计	身高与体重	1. 进一步认识复式统计表。 2. 初步学会简单的数据分析。能根据统计表提出问题并解答问题。体会学习数学的乐趣,提高学习数学的兴趣,建立学好数学的信心。
		智美生活	春游	1. 认识东、南、西、北、东北、西北、东南和西南八个方向。 2. 能够用给定的一个方向(东、南、西或北)辨认其余的七个方向,并能用这些词语描述物体所在的方向。 3. 会看简单的路线图,能描述行走的路线。

续表

年级		课程领域	课程名称	课 程 要 点
四年级	上学期	智美算术	巧算王	1. 会笔算三位数乘两位数的乘法、除数是两位数的除法，会进行相应的乘、除法估算和验算。 2. 会口算两位数乘一位数、几百几十乘一位数的乘法，整十数除整十数、整十数除几百几十数的除法。 3. 灵活根据商的变化规律进行简便计算。
		智美图形	几何绘画专家	1. 会用量角器量出角的度数，能按指定度数画角。 2. 会画长方形、正方形。 3. 在方格纸上画平行四边形、梯形。
		智美统计	蛋糕店老板	认识不同形式的条形统计图，能根据图中数据提出问题，给出建议，初步体会数据中蕴含的信息。
		智美生活	运筹学	体会运筹学在解决问题中的作用。体验解决问题的多样性，并在寻求解决问题最优方案的过程中积累数学的基本活动经验。
	下学期	智美算术	混算高手	1. 掌握四则运算的运算顺序。 2. 掌握加法和乘法的运算定律，会应用运算定律进行简便运算。
		智美图形	神奇的内角和	进一步认识三角形的特性、边和角的特点；知道三角形任意两边之和大于第三边；掌握三角形的内角和是180°。
		智美统计	广州气温变化（一）	认识折线统计图，了解折线统计图的特点，会根据图中数据进行数据变化趋势分析。
		智美生活	营养食谱	了解健康常识，根据一些基本的营养指标，运用排列组合、统计等知识了解怎样搭配才是合理的健康食谱。感受数学的生活性、实用性。
五年级	上学期	智美算术	方程魔术师	1. 会熟练笔算小数乘法、除法。 2. 会用字母表示数。 3. 会用方程表示简单情境下的等量关系并解决问题。
		智美图形	粉刷墙面	探索并掌握平行四边形、三角形、梯形的面积公式。
		智美统计	摸球	体验事件发生的等可能性以及游戏规则的公平性。能对简单事件发生的可能性做出预测，进一步体会概率在实际生活中的作用。
		智美生活	估计高度	会用自己熟悉的数量作为单位描述实际问题中较大的数量，进一步感知和认识大数，发展数感。

年级		课程领域	课程名称	课 程 要 点
六年级	下学期	智美算术	加分减分	1. 理解分数的意义和基本性质，会进行整数、小数的互化。 2. 能熟练地进行约分、通分。 3. 熟练地计算简单的分数加、减法。
		智美图形	包装小礼品	1. 探索长方体和正方体的体积和表面积的计算方法。 2. 欣赏生活中的轴对称图形，会在方格纸上设计美丽的图案。
		智美统计	广州气温变化（二）	理解众数的意义，会求一组数据的众数，并解释结果的实际意义。认识折线统计图，了解折线统计图的特点。
		智美生活	快乐百分百	1. 理解百分数的意义，比较熟练地进行有关百分数的计算。 2. 能解决有关百分数的简单实际问题。
	上学期	智美算术	巧算高手	根据数据特点，恰当地应用运算定律和运算性质，使计算更合理、简便。培养学生的观察力、注意力和记忆力，发展学生思维的敏捷性与灵活性。
		智美图形	有趣的圆	1. 进一步掌握圆的特征，会用圆规画圆。 2. 探索并掌握圆的周长和面积公式，能正确计算圆的周长和面积。
		智美统计	家庭消费调查	认识扇形统计图，能根据需要选择合适的统计图表示数据。经历数据的收集、整理和分析的过程，掌握一些简单的数据处理技能。
		智美生活	珍惜水资源	1. 通过认识水表，能比较熟练地进行水表读数并能计算家庭水费。 2. 整理收集到的不同地区、不同国家的节水方法，了解人类已经开始重视水资源所出现的问题，积极想办法解决污染、匮乏的情况。 3. 通过搜集资料、观察讨论、小组合作等多种活动方式，培养语言表达、运用信息、资料统计等能力。 4. 初步感受节约用水的意义，了解家庭节约用水的常识，培养节约用水的意识。
	下学期	智美算术	最美比例	1. 理解比例的意义和基本性质，会解比例。 2. 理解正比例、反比例的意义，会用比例的知识解决比较简单的实际问题。 3. 会看比例尺，能利用方格纸等按一定的比例将简单的图形放大或缩小。

年级	课程领域	课程名称	课 程 要 点
下学期	智美图形	花瓶的肚量	认识圆柱、圆锥的特征。会计算圆柱的表面积和圆柱、圆锥的体积。
	智美统计	股票中的数学	认识复式折线统计图,能根据需要选择合适的统计图表示数据。
	智美生活	绘制校园平面图	进一步理解位置、方向和比例等基础知识。掌握测量的方法。培养统筹规划、团队协作的能力。

课程实施　领悟数学的智慧之美

数学学习是一个生动活泼、主动和富有个性的过程。这就要求数学课程的实施要符合儿童的认知规律,贴近儿童的实际,如此才有利于儿童体验与理解、思考与探索。课程内容的组织要重视过程,要重视直观,重视直接经验。动手实践、自主探索与合作交流是学习数学的重要方式,所以在课程实施中要让儿童在足够的时间和空间去经历观察、实验、猜测、计算、推理、验证等活动过程。

我校"智美数学"是数学课之美的集中展现,教师把美带到课堂上,把美渗透到教学中,让儿童在数学学习中感受数字美、图表美、逻辑美等,达到以美启智、智美融合,实现高效课堂。

根据"智美数学"的课程理念、学科性质、课程目标等方面的要求,我们将从"智美课堂、智美课程、智美数学节、智美社团、智美阅读、智美研学"等几个方面进行课程实施。

一、打造"智美课堂",提升数学课程实施品质

在原有的课堂文化基础上,学校进行了课堂教学文化的重新调整,聚焦儿童的核

心素养，致力于创设拥有怡心怡身、至善至美特质的"智美课堂"。"智美课堂"是具有美育特色，凸显儿童发展自主性，坚持儿童发展全面性，注重儿童发展差异性，追求课堂本真、灵动的课堂教学模式。

美育是培养儿童良好行为习惯和激发儿童想象力、创新力的重要内容，是和德育、智育、体育相辅相成的重要组成部分。而美育的内涵是丰富多彩的，教学内容美、教学环节美、教学手段美、教学语言美、教学板书美、教学灵动美等都是值得我们探索实践的。在教学过程中除了完善美育的课程体系之外，构建以美启智、智美融合的课堂教学模式，无疑会激发儿童的学习热情，激发儿童参与学习的积极性、主动性，是实现有效教学甚至高效教学的途径之一。

"智美课堂"的教学导向是"寓美于智，智美融合，以美启智，以美导真"；教学原则是"学为主体，教为主导，疑为主线，创为主攻"；教学思路是"激趣、激思、导学、导创"。智美课堂努力创造师生互动、生生互动的和谐美，追求课堂教学的生机和活力，追求"让课堂充满生活气息，让课堂焕发生命活力"的发展目标，真正实现"教师幸福地教，儿童快乐地学"的至高境界。

"智美课堂"有六个环节，即"预习交流—明确目标—小组合作—展示反馈—穿插巩固—达标检测"。在实施过程中，课前让儿童通过预习交流掌握基础知识、基本方法，提高学习的积极性，享受学习的快乐；课中让儿童通过交流合作学习、生生互动、师生互动达到能力提高、相互促进、个性发展、差异发展的目的；课后让儿童通过回味、练习、交流、拓展，巩固所学知识，培养儿童探究能力、创新能力。当然"智美课堂"还必须把握好"活与实""动与静""放与收"三个度。

"智美课堂"以儿童发展为目标，主张"儿童是学习的主人"，提倡在教学过程中将课堂主动权还给儿童，让儿童参与课堂教学的每一个环节，打造生生互动、师生互动的高效课堂，为儿童的全面发展、终身发展奠定良好的基础。

二、 建设"智美课程"，丰富数学课程体系

"智美数学"，智于数学智慧，美于数学素养。《义务教育数学课程标准（2011年版）》明确提出了十个核心概念，即数感、符号意识、空间观念、几何直观、数据分析观

念、运算能力、推理能力、模型思想、应用意识和创新意识。这十个核心概念基于数学知识技能，又高于具体的数学知识技能。这十个数学核心素养与数学课程的目标、数学四大领域的内容密切相关。"智美课程"则立足于课标要求，坚持核心素养发展要求，全面发展儿童的数学素养，让数学之美美于理性亦美于人文性。

"智美课程"根据数学学科师资力量，结合教师自身特长，以国家统编数学学科教材为原点，依据《义务教育数学课程标准（2011 年版）》设计数学学科特色"1＋X"课程群。"1"是教师所教授的国家基础性课程，为儿童未来生活、工作和学习奠定基础，主要以国家统编教材为教学媒介；"X"是根据基础性课程的学科特点，为进一步满足儿童的学习需求而开设的拓展性课程，是基础性课程的拓宽与延伸。拓展课程围绕小学数学的课程标准、儿童的年龄发展特点以及我校的育人目标而自主设计。建设"智美课程"围绕以下几个要求：

强化数学基础。注重基础是小学数学课程拓展的前提。结合新课程标准的要求，我校"智美课程"在实施的过程中，注重强化儿童的数学基础，重视培养儿童的运算能力、思维能力、空间想象能力、分析和解决问题的能力等。在儿童掌握必备的基础知识和基本技能的基础上，启发儿童的智慧，让孩子感受数学之美；让儿童在学习、理解基础知识的过程中，发展思维能力、探究能力和创新精神。

突出生活应用。数学教育应重视让儿童从生活经验和已有的知识中学习理解数学，探究其应用价值。数学源于生活，更应用于生活。"智美课程"在实施的过程中，注重从生活中搜集素材，立足于儿童已有的生活经验，突出课程内容与生活的联系，强化数学实践的价值。

发掘数学乐趣。"智美课程"注重在课堂中为儿童创造生动、直观、富于感染力的教学情境，以此来激活课堂，提高儿童的参与度，提高儿童学习数学的兴趣。

感受数学之美。数学中美的因素是多方面的、具体的、意义深刻的，数学的简洁性、和谐性、严谨性等都是数学美的体现。"智美课程"不仅仅重视基础知识和基本技能的传授，也重视美育的渗透，引导儿童发现数学美、鉴赏数学美，乃至创造数学美。在数学课堂中，应注重用数学美来感染儿童，激发儿童的求知欲和学习兴趣。

三、创设"智美数学节"，浓郁课程实施氛围

"智美数学节"是以数学问题为载体，以儿童自主参与为主的学习活动。儿童需要充分发挥自己的所思所想，不断经历、体会各种数学活动，在"做"的过程和"思考"的过程中积累用数学解决问题的经验。

"智美数学节"以丰富有趣的生活实例为出发点，吸引儿童主动参与，并让儿童从中抽象出数学问题，切实感受到数学来源于生活并服务于生活，生活中处处有数学，从而体验生活，认识社会，了解数学的宝贵价值。

"智美数学节"的活动目标：组织儿童开展丰富多彩的数学节活动，在活动中激发儿童学习数学的热情，让儿童充分感受学习数学的乐趣；积极营造玩数学、用数学的氛围，提高儿童的计算能力、应用能力、思维能力和动手操作能力，让儿童感受数学的无限魅力。"智美数学节"有以下活动类型及内容：

数学基础素养型：此类活动注重儿童对基础知识和技能的运用，培养儿童的基础素养，主要有"将散落的扣子分类""24点扑克牌""神奇的天平"等活动。

数学欣赏型：儿童在活动中欣赏数学之美、品味数学之趣、感受数学之妙、领略数学之奇，主要有"数和式的和谐美""神奇的七巧板"等活动。

数学文化型：儿童学习数学文化，从文化层面进一步理解数学，主要有"圆周率的演变"等活动。

操作活动型：儿童在活动中动手操作，在活动中获得知识和经验，主要有"小小商店之我是售货员""确定起跑线""测量一个土豆的体积"等活动。

综合运用型：儿童综合运用所学知识解决实际问题，感受数学与生活的联系，主要有"你寄过贺卡吗""旅游计划""绘制校园平面图"等活动。

在丰富有趣的节日活动中，儿童综合运用"数与代数""图形与几何""统计与概率"等知识和方法解决问题，这充分培养了儿童的问题意识、应用意识和创新意识，大大提高了儿童解决问题的能力，也使儿童在智慧的海洋中感受到数学予以生活的美。

四、 组织"智美社团"，发展数学学习兴趣

"智美社团"以数学兴趣为主导，培养儿童的兴趣爱好，培养儿童将数学应用到实际生活的能力，为儿童提供一个丰富的舞台，使其体验更有趣的活动。

"智美社团"有数独研究社团、数学小实验社团、数字谜语社团、数学口算竞赛社团、数学故事演讲社团等，以社团为单位开展数独解法研究、数学小实验、口算心算比赛等活动。每一项社团活动都同样地富含趣味性，又有所不同，从各个方面培养儿童的能力。

数独研究社团：借助数独游戏，让儿童锻炼多维的思维能力和逻辑推理方法，领略数学美，同时在探索中体验成功的乐趣和美感。

数学小实验社团：精心设计一系列数学小实验，满足每个儿童探究数学的欲望，培养儿童动手操作的能力，促使儿童体验数学就在身边，让儿童的数学学习更加精彩。

数字谜语社团：通过有趣的猜谜活动，开发儿童的智力，拓展儿童的思维方向，提高儿童的逻辑思维能力，让儿童善于思考。

数学口算竞赛社团：定期举行的口算能力挑战赛，可以激发儿童的口算兴趣和竞争意识，培养儿童扎实的口算基础技能与灵活敏捷的思维习惯，提高儿童的专注力。

数学故事演讲社团：儿童在数学故事演讲活动中，感受数学的文化和趣味，拓展知识面，加强语言的感受能力及表达能力。

这些活动能提高儿童的综合素质，促进儿童的身心发展，培养其竞争意识与团队合作能力。社团活动力求成效，促进每一位儿童富有个性的发展，推进儿童的创新发展，推进素质教育。

五、 开展"智美阅读"，丰富儿童数学文化认识

数学是一种文化，它的内容、思想、方法和语言是现代文明的重要组成部分。"智美数学"要求儿童在与他人的交流过程中，能运用数学语言合乎逻辑地进行讨论和质疑，教师在数学教学中要充分发挥儿童的主体能动性，增强儿童的参与、交流、

合作意识。在实现这一理念的过程中，作为儿童进行参与、交流、合作时的思想载体，语言就变得尤为重要了。因此在小学数学教学中重视数学阅读，有助于规范儿童的数学语言，加深其对数学思想方法的理解，养成其独立思考的习惯，培养其自学能力，培养其良好的数学阅读习惯和较强的数学阅读能力，丰富儿童的数学文化认识。

发展儿童的数学阅读，首要的是开发和建设数学阅读资源。数学阅读素材来源非常广泛，主要包括数学教材阅读，数学报纸、杂志、书籍阅读以及在线阅读。

① 数学教材阅读。数学中"解决问题"的比重愈来愈大；培养儿童的数学阅读能力，"问题解决"的素材必不可缺。一些较为复杂的"题干"，除了考查儿童的"变量之间的关系"这一知识点之外，还考察了儿童分析题干、提炼有效信息的能力，化繁就简的能力，也就是一种跨学科整合的能力。

② 数学报纸、杂志、书籍阅读。学校是数学阅读的重要场所。学校的每间教室、每条走廊都有图书角，图书室、阅览室更是长期对儿童开放。在这些地方摆放着各种数学类图书，儿童可以随手翻阅，对于自己特别喜欢的数学图书，可以凭借书证借走，进行深度、细致阅读。班级墙壁、走廊也是数学阅读资源的重要载体，根据学习的需要，定期推送数学家的故事、数学史等数学阅读内容，还可以张贴儿童自己创作的数学故事、数学阅读手抄报等。

③ 在线阅读。在信息化时代，网络（在线）阅读变得越来越普及。学校顺应时代变化，建设了微信公众号、班级微信群和 QQ 群等，让全体学生及其家长加入这些平台，方便信息的发布和交流。教师在这些平台上开辟数学阅读专栏，定期推送丰富而适切的数学阅读资源，并进行方法指导、提出评价建议等，引导儿童开展有效的数学阅读。

通过资源环境的建设，数学在阅读资源中有了自己的一席之地。从此，阅读不再只是文学、历史和科普，儿童开始发现，数学的简洁、理性和严谨也是如此的精彩和迷人。

除了丰富的数学阅读素材，教师在指导儿童进行数学阅读的过程中，还应注重有针对性地、有策略地培养儿童的数学阅读能力。低年级和中高年级儿童在阅读能力上有较明显的差别，教师所采用的培养策略也相应地有所不同。对低年级儿童，

"智美阅读"采用"三动"的培养策略；对中高年级儿童，则采用"四法"的培养策略。

低年级的儿童，由于年龄小，识字少，理解能力较差，解题时难免就心有余而力不足，所以数学习题的错误率也就很高。因此想要提升低年级儿童完成数学习题的正确率，就必须先找出儿童数学阅读能力薄弱的原因，之后再对症下药，找出方法。

低年级数学阅读能力培养的策略，可总结为"三动"：一是动口朗读——明确题意；二是动手操作——分析题意；三是动眼观察——抓有用信息。

小学中高段的儿童虽抽象思维水平有了一定的发展，基础知识掌握牢固，但由于自身年龄的限制，理解能力弱，自主学习能力不强，也很少通过阅读来获得新知。针对这一特点，我们应在平时的教学中，注意利用教材，面向全体儿童。

中高年级数学阅读能力培养的策略，可总结为"四法"：一是标重点——读文字；二是设疑问——读图式；三是比不同——读差异；四是动手脑——读关键。

总而言之，阅读是理解语言、积累素材、培养发散思维的重要途径。数学资料的阅读，能提高儿童数学学习的理解能力，提高儿童数学学习的兴趣和积极性。小学的儿童正处于学习数学的重要阶段，学校及教师要创设良好的数学阅读环境，培养儿童良好的数学阅读习惯，珍视儿童独特的教学阅读体验，尊重多元理解，让儿童爱上数学阅读、爱上学习，为儿童的全面发展奠定基础。

六、 开展"智美研学"，促进数学学习方式转型

"智美研学"活动旨在让儿童参加社会实践活动和研究性学习活动，以提升其数学知识的理解与运用。"智美研学"活动的核心是研，是知识的运用，是让数学儿童化、实践化。

"智美研学"活动将数学问题蕴含于研学中，从而让儿童在研学中获得数学活动经验，潜移默化地掌握数学知识、思想和方法。

"智美研学"活动主要包含以下几种类型：第一为"探"中研学，以动手操作探究数学知识；第二为"做"中研学，以知识内在联系表现数学的规律；第三为"用"中研学，以结果引导分析数学知识的内在联系；第四为"猜"中研学，以猜想引导儿童对知识展开

验证；第五为"变"中研学，以最近生活情景优化研学内容的编排。

"智美研学"活动的实施包括两个环节。第一，在开展"智美研学"活动之前，教师首先需要巧妙设置研学提纲，引领儿童解决问题；其次就是安排课前整理，帮助儿童做好新旧知识之间的迁移。第二，在"智美研学"活动中，教师需要为儿童提供有价值的研学素材，并指导有效的研学方法，更重要的是搭建有氛围的展示平台。

"智美研学"活动的主要开展方式有以下四种：

数与代数——儿童在理解与表述中建立数感。在"数与代数"领域，培养儿童的数感是至关重要的，自主研学性学习的课堂要善于调动儿童的主动性，使其积极表达，积极理解，增强对数、数量及数量关系的感悟。

图形与几何——儿童在观察与制作中增强空间观念。空间观念的培养重在多让儿童观察和动手操作，自主研学性学习要将这样的机会留给儿童。

统计与概率——儿童在阅读与操作中提高数据分析能力。"统计与概率"领域的自主研学，让儿童尝试制作统计图，在操作的过程中体会数与图的联系以及折线统计图所表现出来的数据间的变化情况，增强儿童的数据分析能力。

综合与实践——儿童在实践与活动中培养数学应用意识。"综合与实践"领域的学习往往需要儿童有很强的综合实践能力，自主研学需要教师放手让儿童去实践、去体验。

总之，我校数学科组以"智美数学"课程理念作为科组教师共同的教学理想和追求。通过"智美课堂"实施基础课程，实现儿童基本数学素养，以"智美数学节""智美社团""智美阅读"等为载体，实现儿童应用意识和创新精神的培养。

（撰稿人：李苑　于洪霞　罗小燕）

第四章

卓美英语：让儿童体验英语之美

　　一门语言就是一扇窗户、一种眼光。英语作为一门语言，是探索世界的窗户，是观察事物的眼光。英语课程不仅要给予儿童扎实的语言功底，还要带领儿童感受英语语言之美，体验世界文化之美，拓展儿童的视野，发展儿童的素养。在英语交际中用语言，在阅读习作中拓视野，在文化体验中看世界，这便是"卓美英语"的追求。

广州市黄埔区怡园小学英语学科师资队伍优良、结构合理，现有英语教师 33 人，其中 30 岁以下 10 人，31 岁至 45 岁 20 人，45 岁以上 3 人。在学校"怡文化"小学思想与"如歌式课程"规划指导下，怡园小学英语教研组充分发挥团队合力，认真开展各项教研活动，积极参加市、区教育主管部门组织的各类教研活动，在教学、科研方面等取得了良好的成效：一是在低年段的口语及字母教学、自然拼读教学、英语绘本阅读教学、单元整体教学等多个主题上开设课题研究；二是在"一师一优课，一课一名师"评比活动中陆续获得国家级、省级、市区级优秀课程；三是积极参与广州市教育局及黄埔区教育局组织的英语教研活动，积极主动承担市、区级英语教学公开课。近年来，怡园小学英语教研组多次被教育主管部门评为英语教学"广州市优秀科组"，授予"巾帼文明岗"等称号。为了进一步提升英语学科的教学质量，我们依据《义务教育英语课程标准（2011 年版）》等，推进怡园小学英语学科课程建设。

课程哲学　让儿童体验英语之美

一、学科性质观

《义务教育英语课程标准（2011 年版）》明确"义务教育阶段的英语课程具有工具性和人文性双重性质"。就工具性而言，英语课程承担着培养学生基本英语素养和发展学生思维能力的任务。学生通过英语课程掌握基本的英语语言知识，发展基本的英语听、说、读、写技能，初步形成用英语与他人交流的能力，进一步促进思维能力的发展，为今后继续学习英语和用英语学习其他相关科学文化知识奠定基础。就人文性而言，英语课程承担着提高学生综合人文素养的任务。学生通过英语课程能够开阔视野，丰富生活经历，形成跨文化意识，增强爱国主义精神，发展创新能力，形成良好的品格和正确的人生观与价值观。工具性和人文性统一的英语课程有利于为学生的终身发展奠定基础。

英语学科的核心素养主要由语言能力、思维品质、文化意识和学习能力四方面构成，以主题意义探究为目的，以语篇为载体，让学生在理解和表达的语言实践活动中融合知识学习和技能发展。英语课程设计应当通过感知、预测、获取、分析、概括、比较、评价、创新等思维活动，使学生构建结构化知识，在分析问题和解决问题的过程中发展思维品质，形成文化理解，进而塑造学生正确的人生观和价值观，促进其英语学科核心素养的形成和发展。英语课程应关注并培养学生适应现代社会所要求的英语能力，为学生提供丰富的语言交际机会，帮助他们掌握恰当的交际方式，促进思维发展，为他们进一步认识世界、适应社会打下良好的基础。同时，英语课程还应通过优秀文化的熏陶感染，提高学生的思想道德修养和审美情趣，使他们逐步形成良好的个性和健全的人格，促进德、智、体、美、劳诸方面的全面协调发展。

基于对英语课程标准的认识，紧扣英语的核心素养，结合怡园小学学生爱表达、乐交流的特点，以怡园小学"怡美教育"教育哲学为引领，将学校英语学科课程哲学定位为"卓美英语"。"卓美英语"旨在提高交流能力，培养文化意识，聚焦思维品质，开拓国际视野，提升人文素养。

二、学科课程理念

《义务教育英语课程标准(2011年版)》对英语学科课程理念的定位为：注重素质教育，体现语言学习对学生发展的价值；面向全体学生，关注语言学习者的不同特点和个体差异；整体设计目标，充分考虑语言学习的渐进性和持续性；强调学习过程，重视语言学习的实践性和应用性；优化评价方式，着重评价学生的综合语言运用能力；丰富课程资源，拓展英语学习渠道。

基于课程标准的基本理念，我校秉持"卓美英语"课程理念，立足于英语之根，遵循英语教育的规律，致力于学生英语素养的形成和发展。在实践过程中，"卓美英语"课程注重激发学生对英语学科的兴趣，让学生感受世界各国不同的风俗文化，培养学生的创新能力和国际视野，增强学生的语言交际能力，促进学生思维能力的发展，使其形成跨文化交流的意识，使学生具有开阔的思维与远见卓识，让学生成长得更加卓越。下面从四个方面阐述我校"卓美英语"课程理念。

(一)"卓美英语"激兴趣

"兴趣是最好的老师",英语学习亦是如此。有了学习英语的兴趣,学生才会自主去学习更多相关的资料,为今后继续学习英语和使用英语学习其他相关科学文化知识奠定更好的基础。因此,"卓美英语"在基础性课程的基础上,设置了丰富多样的拓展性课程与特色课程,创设各种英语情景和使用英语的氛围,建立各式各样的激励机制,采用灵活的教学手段充分调动学生学习英语的兴趣和积极性,让学生乐在其中、参与其中、享受其中,形成初步的综合语言运用能力。

(二)"卓美英语"乐交流

英语作为全球使用最广泛的语言之一,已经成为国际交往和科技、文化交流的重要工具。在义务教育阶段,学生要初步形成使用英语与他人交流的能力。"卓美英语"课程注重通过各种形式与手段,让学生积极、大胆、自信地把自己想要表达的东西通过英语表达出来,从而进一步提高其与他人、与书本、与其他媒介、与世界交流的能力。

(三)"卓美英语"促思维

任何学科都要培养学生的思维能力和思维品质,语言不仅是思维的工具,也是思维的直接显示和思维的外化形式,一切学科培养思维能力都要以语言为载体。小学阶段的英语课程教学应让学生能够在表达、交流、阅读等听、说、读、写实践活动中培养英语思维;让学生能运用想象与联想等方法,形成对客观事物的初步感知以及对语言和文学形象的初步判断;让学生能通过概括、比较等方法,培养思维的灵活性、深刻性、批判性和创造性。

(四)"卓美英语"拓视野

世界不同的国家、地区和民族,因为时代和发展不同,在某一特定区域日积月累形成了不同的文化背景,也形成了不同的语言文化,这就是民族文化的差异性。在学习英语学科的过程中,培养学生的文化意识对于提高学生的综合语言运用能力非常重要。在英语课程设计中尽可能多地让学生了解世界各地的自然与人文,有利于让学生形成接受世界优秀文化的开放意识,提升学生整体的素养,拓宽学生的国际视野。

课程目标　引领儿童走向精彩的世界

《义务教育英语课程标准（2011 年版）》将英语课程目标分为总体目标和分级目标。

一、学科课程总体目标

《义务教育英语课程标准（2011 年版）》中提出的总体目标是："通过英语学习使学生形成初步的综合语言运用能力，促进心智发展，提高综合人文素养。综合语言运用能力的形成建立在语言技能、语言知识、情感态度、学习策略和文化意识等方面整体发展的基础之上。"依据课程标准，我校设定"卓美英语"课程的总目标为：通过小学英语学习，使学生掌握一定的语言技能和语言知识，为综合语言运用能力的发展打下基础；初步形成跨文化交流的意识和能力，更正确地理解语言和得体地使用语言；获取有效的学习策略，提高学习效率和发展自主学习能力；拥有积极的情感态度，促进主动学习和持续发展，为成长为有远见卓识、具有国际化视野的学生奠定基础。"卓美英语"总目标的详细阐述见表 4-1。

表 4-1　怡园小学"卓美英语"课程目标

语言技能	1. 听：能借助图片、手势听懂简单的话语，能听懂简单的小故事以及常用指令和要求，并能简单提问与对话。 2. 说：能运用一些常用的日常用语，就日常生活话题做出简短叙述，能在教师的帮助和图片的提示下描述或讲述简短小故事。 3. 读：能认读所学词语，能根据自然拼读规律读出符合规律的词，能借助图片读懂小短文或故事，能正确朗读所学故事或短文。 4. 写：能正确地使用大小写字母和常用的标点符号；能根据图片、词语或例句的提示，写出简短的语句。 5. 玩演视听：能在老师的帮助下表演小故事或小短剧；能学唱简单的英语歌曲和歌谣，能看懂程度相当的英语动画片。

续表

语言知识	1. 语音：了解英语拼读规律；了解单词重音、句子重读；了解语音的连读、节奏、停顿、语调等现象。 2. 词汇：知道要根据单词的音、义、形来学习词汇；学习 600—700 个单词和 50 个左右的习惯用语，初步运用 400 个左右的单词表达相应话题。 3. 语法：在具体语境中理解相应语法项目的意义和用法，在实际运用中体会相应语法项目的表意功能。 4. 功能：理解和运用有关功能的语言表达形式。
情感态度	1. 体会英语学习的乐趣。 2. 敢于开口，表达中不怕出错误。 3. 乐于感知并积极尝试使用英语。 4. 与其他同学积极配合和合作。 5. 乐于接触外国文化，增强祖国意识。
学习策略	1. 积极与他人合作，共同完成学习任务。 2. 遇到问题主动向老师或同学请教。 3. 在课堂交流中注意倾听、积极思考。 4. 尝试阅读英语故事及其他英语课外读物。 5. 积极运用所学英语进行表达和交流。
文化意识	1. 对一般的交际用语做出适当的反应。 2. 了解世界上主要的文娱和体育活动、英语国家中典型的食品和饮料名称。 3. 了解主要英语国家的首都、国旗、重要标志物、节假日等。

二、 学科课程年段目标

根据《义务教育英语课程标准(2011 年版)》《义务教育教科书》《义务教育教科书教师教学用书》的要求，结合我校实际情况，英语课程每一学年的课程目标制定见表 4-2。

表 4-2 怡园小学"卓美英语"学年课程目标

	教 学 目 标
一年级	1. 对英语有好奇心； 2. 学习有关文具、数字、颜色、玩具、动物、家庭成员、房间、家具以及食物等话题的 114 个词汇、词组，认读所学单词； 3. 知道和巩固物品名称的单、复数形式；

续表

	教　学　目　标
	4. 了解有关打招呼、问候的词句,介绍自己拥有的物品、喜欢的颜色、能做的事情,能简单介绍家人,能询问和描述简单的位置关系,能简单描述宠物,能表达自己对食物和小动物的喜好; 5. 能听懂简单的课堂用语,并做出行为反应; 6. 能根据简单的指令和老师的示范做事情; 7. 能根据听到的词语、句子等识别或指认图片或实物; 8. 会唱书中大部分的英文歌,能念大部分的歌谣; 9. 能模仿说英语,语音清楚,语调自然; 10. 能看图说单词或句子; 11. 能用简单的英语做游戏; 12. 视听简单的英语动画片; 13. 乐于模仿,敢于开口,积极参与; 14. 在学习时集中注意力,认真倾听老师和同学说英语; 15. 注意生活中使用的简单英语; 16. 能简单区分常见食品的中西类别。
二年级	1. 对英语有好奇心; 2. 认识和书写 26 个字母的大小写,并养成初步的音素意识; 3. 学习有关动作、食物、衣服、时间、课余活动、家务等话题的单词、词组,认读所学单词; 4. 初步感知现在进行时的表意功能; 5. 能表达整点和半点时间,能用 can 和 can't 表达个人的能力,能对正在进行的活动进行简单的描述; 6. 能听懂简单的课堂用语,并做出行为反应; 7. 能根据简单的指令和老师的示范做事情; 8. 能根据听到的词语、句子等识别或指认图片或实物; 9. 能在图片和多媒体的提示下听懂简单的小故事并做动作; 10. 会唱书中大部分的英文歌,能说大部分的歌谣; 11. 能模仿说英语,语音清楚,语调自然; 12. 能看图说单词或句子; 13. 能用英语简单介绍个人的能力,讨论三餐的饮食、衣着、时间、课后活动及家务; 14. 能用简单的英语做游戏; 15. 能做简单的角色表演,能表演英文歌曲、歌谣及课本故事的部分情节; 16. 能在图片提示下认读课本中的单词和关键句子; 17. 视听简单的英语动画片或程度相当的教学节目; 18. 乐于模仿,敢于开口,积极参与; 19. 在学习时集中注意力,认真倾听老师和同学说英语; 20. 注意生活中使用的简单英语,在英语与生活之间建立联想; 21. 知道英语国家中常见的食品与饮料。

续表

	教 学 目 标
三年级	1. 对继续学习英语有兴致； 2. 能有较好的音素意识，具备一定的自然拼读能力，能就一些词进行解码和合成； 3. 学习有关问候、个人信息、身体、家庭、玩具、学具、颜色、位置、水果、亲戚、宠物等话题的单词、词组，掌握所学单词的音、形、义； 4. 了解祈使句的表意功能，了解部分特殊疑问句的使用； 5. 能用"May I . . ."" Can . . . ?"表达个人的需求，能进行简单的询问及回答； 6. 能听懂简单的课堂用语，并做出行为反应； 7. 能根据简单的指令和老师的示范做事情； 8. 能根据听到的词语、句子等识别或指认图片或实物； 9. 能在图片和多媒体的提示下听懂简单的小故事并做动作； 10. 能准确朗读书中的单词及课文内容，语音清楚，语调自然； 11. 会唱书中大部分的英文歌，能说大部分的歌谣； 12. 能模仿说英语，能看图说单词或句子； 13. 能用英语简单介绍个人信息，描述身体部位，介绍家人亲戚，以及准确描述位置； 14. 能用简单的英语做游戏； 15. 能做简单的角色表演，能表演英文歌曲、歌谣及课本故事的情节； 16. 能在图片提示下认读课本中的单词和关键句子； 17. 视听简单的英语动画片或程度相当的教学节目； 18. 乐于模仿，敢于开口，积极参与； 19. 在学习时集中注意力，认真倾听老师和同学说英语，主动请教； 20. 注意生活中使用的简单英语，在英语与生活之间建立联想； 21. 了解主要英语国家的首都、国旗等信息。
四年级	1. 对继续学习英语有兴致； 2. 能有较好的音素意识，具备较好的自然拼读能力，能就符合自然拼读规律的词进行解码和合成； 3. 学习有关卧室、房子、学校、班级、衣服、职业、人们、日常安排、星期、活动、运动、庆祝等话题的单词、词组，掌握所学单词的音、形、义； 4. 了解"There be"句型、现在进行时的表意功能，正确使用现在进行时描述正在发生的动作或状态，以及部分特殊疑问句的使用； 5. 能明白老师的各项指令并能较好地执行； 6. 能根据简单的指令和老师的示范做事情； 7. 能根据听到的词语、句子等识别或指认图片或实物； 8. 能在图片和多媒体的提示下听懂简单的小故事并做动作； 9. 能准确朗读书中的单词及课文内容，语音清楚，语调自然； 10. 能演唱简单的英语歌曲和歌谣； 11. 能模仿说英语，能看图说单词或句子； 12. 能用简单的英语互致问候，变换有关个人、家庭和朋友的简单信息；

续表

教　学　目　标
13. 能在图片的帮助下听懂、读懂简单的对话，并能和他人进行简短的对话； 14. 在学习中乐于参与、积极合作、主动请教，对英语具有一定的感知能力； 15. 对学习中接触的外国文化习俗感兴趣，了解主要英语国家的首都、国旗等信息。

	教　学　目　标
五年级	1. 对继续学习英语有较大的兴致和自信心； 2. 能运用自然拼读规律，掌握所学单词； 3. 学习有关爱好、能力、日常生活、食物饮料、天气、季节、计划、邀请、旅游、安全、指示等话题的单词、词组，掌握所学单词的音、形、义； 4. 了解一般现在时、现在进行时、一般过去时的表意功能，能正确使用这几种时态； 5. 能恰当使用 should，shouldn't，must，mustn't 等情态动词； 6. 能明白老师的各项指令并能较好地执行； 7. 能用英语互相问候，就一些个人或他人的基本信息进行交流，并能就日常生活话题做简单叙述； 8. 能在图片的帮助下听懂、读懂并讲述简单的故事； 9. 能在教师的帮助下表演小故事或小短剧，演唱英语歌曲和歌谣； 10. 能根据图片、词语或斜句的提示，写出简短的描述； 11. 在学习中乐于参与、积极合作、主动请教，进一步形成对英语的感知能力和良好的学习习惯； 12. 乐于了解外国文化和习俗。
六年级	1. 对学习英语表现出较大的积极性和自信心； 2. 能熟练运用自然拼读规律，掌握所学单词，并初步了解国际音标； 3. 语音清楚，语调自然； 4. 根据简单句中的重音和语调的变化，理解和表达不同的意图和态度； 5. 能用英语互相问候，就一些个人或他人的基本信息进行交流，并能就日常生活话题做简单叙述； 6. 掌握英语简单句的基本形式和表意功能； 7. 能在图片的帮助下听懂、读懂并讲述简单的故事； 8. 能在教师的帮助下表演小故事或小短剧，演唱英语歌曲和歌谣； 9. 能根据图片、词语或斜句的提示，写出简短的描述； 10. 在学习中乐于参与、积极合作、主动请教，进一步形成对英语的感知能力和良好的学习习惯； 11. 乐于了解外国文化和习俗。

课程坐标　设计全面丰富的英语课程

我校"卓美英语"课程框架依据学校"如歌式课程"体系，以促进学生全面发展为宗旨、以培养学生的英语综合语言运用能力为目的，分为依托教材的基础性课程和超越教材的拓展性课程，充分体现英语课程的工具性和人文性双重特征。

一、学科课程结构

依据《义务教育英语课程标准(2011 年版)》、最新英语学科核心素养框架、广州市教育研究院相关要求、学生的学情等，我校英语学科课程分为基础性课程和拓展性课程。我校基础性课程主要内容如下：一、二年级以广州版《英语口语》教材，三至六年级以广州教科版《小学英语》教材为载体，从掌握英语语言知识和技能出发，综合发展学生的语言技能、语言知识、情感态度、学习策略和文化意识，促进学生综合语言运用能力的形成与发展。拓展性课程则关注小学英语学科核心素养、结合我校学生特点，以发展学生思维能力，提高学生综合人文素养为侧重点，落实校本课程，分阶段设计了20 余门课程。我校英语学科课程涵盖各年级、多方面、多层次的学习，课程难度呈螺旋式上升；在六年的小学学习过程中，学生初步的英语综合运用能力逐步形成，心智逐步发展，综合人文素养逐步提高。

我校英语学科课程重点关注语言能力、文化意识、思维品质、学习能力四个方面，从而设计和安排基础性课程及拓展性课程，制定其目标及评价标准，具体的学科课程结构图见图 4－1。

二、学科课程图谱

我校英语学科课程中的基础性课程和拓展性课程并不是割裂的，而是互相联系、

图 4-1 怡园小学"卓美英语"课程结构

互相配合、互相促进的，共同构成了学科的具体课程，如表 4-3 所示。

表 4-3 怡园小学"卓美英语"课程图谱

年段＼维度	基础性课程	拓展性课程		
		卓美听说	卓美读写	卓美文化
低年段	主题口语听说	语音意识入门	英语故事读一读	英语儿童电影赏析
		英语儿歌初体验		
		玩转常见词	经典绘本读一读	西方节日初印象
		字母 ABC	拼读绘本读一读	西方饮食文化
		爱"拼"才会赢		
中年段	主题对话	流利说英语	故事性绘本读一读	英语电影趣配音
	主题写作	英文美文朗诵	科普绘本读一读	英语国家之旅
	主题阅读	外教进课堂		

续表

维度 年段	基础性课程	拓展性课程		
		卓美听说	卓美读写	卓美文化
高年段	主题对话	英语口语角	小说读一读	我是话剧小演员
	主题写作	现代英语歌曲赏析	创意阅读	中西文化比一比
	主题阅读		英语手抄报	

三、学科课程设置

依据《义务教育英语课程标准（2011 年版）》及广州市教育研究院的要求，"卓美学科"基础性课程主要以教研院规定教材为载体，从让学生掌握英语语言知识和技能出发，落实英语课程。拓展性课程则结合我校学生特点，从提高学生语言实际运用能力出发，规划及落实校本课程，六个年级内分阶段设计了 20 余门课程，涵盖各年级、多方面、多层次，由浅至深。基础性课程与拓展性课程互相联系、互相配合、互相促进，共同构成了"卓美学科"的具体课程。基础性课程具体内容如表 4-4 所示。

表 4-4 怡园小学"卓美英语"基础性课程图谱

年段	课程名称 （课型）	教材	课程主要内容	课程目标	实施途径
低年段	主题口语听说	广州版《英语口语》	根据每个单元不同的主题，创设不同的情景，在真实的情景下进行英语听与说的练习，同时辅以识词的训练。	培养学生的分辨和理解语言的能力，即听并理解口语语言的意义；培养学生运用口语表达思想、传递信息的能力。	家中听读；创设情境；看图听读；观看视频等。
中、高年段	主题对话	教科版《小学英语》	根据每个模块不同的主题，创设相关情景，让学生学习该情景下的对话，学习语句的基本表达形式，理解和表达不同话题下的信息。	学生能在情景中习得不同主题的相关语言知识；提高会话技巧，培养初步运用英语进行交际的能力。	游戏活动；对话活动；表演活动；朗读活动等。

年段	课程名称（课型）	教材	课程主要内容	课程目标	实施途径
中、高年段	主题写作	教科版《小学英语》	根据每个模块不同的主题,使学生学会使用简单的英语文字(句子、段落、对话等)、图表和海报等形式传达信息。	学生能掌握基本、常用的英语书写格式,并在图、提示词、框架的帮助下,就相关的话题写连贯的句子。	文本讲解;框架梳理;范文朗读;课堂习作;堂上点评等。
	主题阅读	教科版《小学英语》	让学生尝试阅读、理解、梳理教材每个模块的主题相关文本,关注学生的英语阅读素养,培养学生的英语阅读能力和阅读品格。	学生能大致理解、基本流利地朗读教材中的阅读文本,以及不同模块主题相关的、与课文难易程度相当英语段落、篇章。	精读活动;泛读活动;持续默读;图片环游;复述活动;情节梳理等。

拓展性课程的具体内容如表 4-5 所示。

表 4-5 怡园小学"卓美英语"拓展性课程图谱

年段	维度	课程名称	课程主要内容	课程目标
一年级	卓美听说	语音意识入门	培养学生的语音意识,听辨单词、词组、句子等英语声音中的,多个已合并、混合在一起的音素,让学生逐渐觉知英语的语音结构。	√ 音节意识 √ 节首—韵基意识 √ 音素意识
	卓美听说	英语儿歌初体验	让学生接触 20 首简单的英文儿歌,聆听并且学唱,在学习英语儿歌的过程中体会英语学习的乐趣。	√ 能基本流利地唱 20 首英语儿歌 √ 提高英语学习兴趣 √ 培养英语语感
	卓美听说	玩转常见词	结合低年段《英语口语》教材和道尔奇视觉词（Dolch Sight Words）,引导学生熟悉教材中的常见词,同时辅以教材学习和绘本阅读。	√ 认识教材中的常见词 √ 学会教材中常见词的标准发音 √ 具备自主认读的能力

续表

年段	维度	课程名称	课程主要内容	课程目标
	卓美听说	字母 ABC	系统教学英语 26 个字母的音、形、书写等知识，为后阶段的英语书写奠定基础。	√ 认识 26 个字母的大小写 √ 正确、规范地书写 26 个字母的大小写
	卓美听说	爱"拼"才会赢	结合不同自然拼读教材的优点，进行自然拼读的教学，使学生学习字母的发音，培养拼读能力。	√ 知道每个字母在闭音节中的发音、部分双音节的发音 √ 能自主拼读大量单词
二年级	卓美读写	英语故事读一读	要求学生借助常见词和教材的主题学习后的知识储备，朗读教材每个单元最后的简单小故事，并能对其表演展示。	√ 学会观察图片并推测故事情节 √ 能基本流利地朗读 √ 基本准确地理解故事大意
	卓美读写	经典绘本读一读	学生在老师的引导和帮助下，阅读一些单词、句子数量少的，重复率较高的，难度较低的经典绘本。	√ 学会观察图片并推测故事情节 √ 能基本流利地朗读 √ 基本准确地理解故事大意 √ 能灵活使用故事中的句型和单词
	卓美读写	拼读绘本读一读	学生借助低年段学习的常见词和自然拼读，在老师的引导和帮助下，阅读一些低阶的拼读绘本。	√ 能运用常见词和拼读技能，基本流利地朗读拼读绘本中的句子 √ 能观察图片并推测故事情节 √ 能基本准确地理解故事
	卓美文化	英语儿童电影赏析	学生欣赏英语儿童电影，认识电影人物角色，分析电影情节，模仿电影台词，学习电影主题知识等。	√ 能在字幕的帮助下，大致理解电影的情节 √ 能在老师的引导下，适当关注电影的细节
	卓美文化	西方节日初印象	学生接触并初步了解西方的重要节日，如圣诞节、感恩节、复活节等，了解其历史由来、节日活动、节日美食、节日意义等。	√ 了解主要的西方传统节日的各方面知识 √ 能向他人简单地介绍获得的西方节日的知识

年段	维度	课程名称	课程主要内容	课程目标
	卓美文化	西方饮食文化	学生接触并初步了解西方的饮食习惯，如一日三餐、食物偏好、饮食结构、餐桌礼仪、用餐工具等。	√ 了解基本的西方一日三餐及食物偏好等 √ 能把西方饮食与中国饮食进行简单对比
	卓美听说	外教进课堂	通过在线或现场的方式，学生与外国教师面对面交流，围绕特定主题或绘本进行探讨和学习。	√ 能与外教老师基本流畅地沟通和交流 √ 能习得一定的语言、文化知识
三年级	卓美读写	故事性绘本读一读	学生在老师的引导和帮助下，阅读一些故事情节较强的，难度适中的故事性绘本。	√ 学会观察图片并推测故事情节 √ 能基本流利地朗读 √ 基本准确地理解故事大意 √ 能灵活使用故事中的句型和单词
	卓美听说	流利说英语	在特定的语言环境和氛围中，围绕特定话题，学生体验真实的口语交际，进行问答与沟通。	√ 能用英语做一些简单的日常交流 √ 培养开口说英语的自信和勇气
	卓美听说	英文美文朗诵	学生学习用准确的发音、流利的语速、优美自然的语调朗读一些英语美文，体会英语的美。	√ 能发音标准 √ 能流利地朗读 √ 能优美地朗读
四年级	卓美读写	科普绘本读一读	学生在老师的引导和帮助下，阅读一些主题简单、生词适量、难度较低的科普绘本。	√ 学会观察图片并推测生词和句子的意义 √ 能基本流利地朗读 √ 能掌握部分英语的科普知识
	卓美文化	英语电影趣配音	选取部分有趣、简单的英语电影片段，让学生学习角色的台词，模仿语音语调，为片段进行配音。	√ 能细致模仿电影中角色的语音语调 √ 能大胆自信地说出台词，进行配音

年段	维度	课程名称	课程主要内容	课程目标
五年级	卓美文化	英语国家之旅	学生通过老师讲解和自主探究相结合的方式,了解一些主要英语国家的地理、历史、政治、经济以及文化风俗等方面的内容。	√ 了解主要英语国家的政治、经济、文化、地理等情况 √ 感受英语国家的异域文化及风情,拓宽国际视野 √ 培养自主学习、自主探究的能力
	卓美读写	英语手抄报	学生围绕基础性课程中的模块主题,利用手抄报进行语言输出,梳理已学知识或自主探究新知识,进行英语创作,进行书面反馈。	√ 能正确地用英语梳理或创作语句、文段 √ 能配以优美的图画和装饰
	卓美读写	小说读一读	学生在相对自由和轻松的氛围下,阅读一些简短的、生词适量的、难度较低的英文小说。	√ 学会观察根据上下文推测生词和句子意义 √ 能基本无障碍地静读 √ 读后能有自己的想法和观点
	卓美读写	创意阅读	四名同学组成一个读书小组,以小组为单位对阅读过的一本英文图书进行介绍和开展创意英语写作。用英文介绍图书内容并进行评论、改写或续写。	√ 能充分理解阅读的图书的意思和内涵 √ 能根据自己的理解,发挥创意,通过文字和图画表达自己的想法和情感
	卓美文化	我是话剧小演员	学生对某些对话、短文、小说、故事、寓言、新闻甚至电视、电影等进行改编,在课堂上用表演的形式展示出来。学生通过小组活动,对英语短剧进行编写、排练、表演,最后进行师生评价。	√ 能挑选合适的材料,整合改编后,流畅地演绎给观众 √ 能体会展示表演的快乐
六年级	卓美听说	英语口语角	在特定的语言环境和氛围中,围绕特定话题,学生体验真实的口语交际,进行问答与沟通。	√ 能用英语做一些多层次的日常交流 √ 培养开口说英语的自信和勇气

续表

年段	维度	课程名称	课程主要内容	课程目标
卓美文化	中西文化比一比	学生将英语国家的历史地理、风土人情、传统风俗等与中国的对比，自主探究其异同，进行比较。	√ 能了解中西文化各方面的异同 √ 能对中西文化的异同提出自己的观点和看法 √ 能以开放、包容的态度对待中西异同
卓美听说	现代英语歌曲赏析	学生通过聆听、学唱现代流行英语歌曲，感受英语的魅力，接触英语国家的音乐文化。	√ 能欣赏现代流行英语歌曲，感受其旋律和风格 √ 能哼唱一些歌曲片段

课程实施　让儿童沉浸在丰富多彩的英语世界

随着经济全球化和社会信息化的加速发展，英语的重要性愈发凸显，少年儿童开始越来越早地接触英语。小学作为义务教育的起始阶段，是学生接触英语最初的时期。而且众所周知，年龄越小，对语言的接受能力越强，因此小学阶段的英语学习尤其重要。

我校"卓美英语"六年的英语学习课程系统，把以教材为载体的基础性课程作为主线，以关注发展英语综合能力及综合人文素养的拓展性课程作为副线，学生在丰富、充实、多层次、循序渐进、细致的具体课程中，逐步掌握英语语言知识和技能，提高语言实际运用能力，塑造英语思维方式，培养英语学科核心素养。

一、建构"卓美课堂"，提升英语课程品质

"卓美课堂"关注培养学生的核心素养，选取对学生的发展最有价值和意义的核心

学习内容，进行实际有效的教与学的活动设计，引导学生形成英语学科核心能力、思维方式及价值观，并在课程过程中进行全过程、持续性的发展性评价。

① 全面。"卓美课堂"关注的是培养学生的英语综合语言运用能力，不局限于语音、词汇、语法、功能、话题等语言知识，听、说、读、写等语言技能，还有文化知识与理解、跨文化交际意识与能力等文化意识，动机兴趣、自信意志、合作精神、祖国意识、国际视野等情感态度，认知策略、调控策略、交际策略、资源策略等学习策略。

② 真实。"卓美课堂"创设贴近学生生活实际的、真实的语境，设计贴近实际生活的教学活动，将语言变得鲜活、真实、生动，提升学生"用英语做事情"的能力，让学生建立起英语知识与生活实际之间的联系，加深学生对知识的理解，学以致用，获得成就感和自信心。

③ 丰富。英语作为一门语言，是生动的、立体的、多元的。"卓美课堂"运用丰富多样的资源，为学生提供丰富多彩的魅力课堂。形象逼真的图片、活泼有趣的游戏、引人入胜的视频、悦耳动听的音乐、精美简明的幻灯片、生动多样的教师语言和动作……课堂上不仅资源丰富，学习内容也丰富多样。

④ 生动。"卓美课堂"不仅具有清晰的教学结构、连贯流畅的教学过程，而且在老师多样化的教学方法、有意义及操作性强的课堂活动的支持下，还兼具生动、活泼的课堂学习气氛。

⑤ 新颖。现代的英语课堂不再止步于英语知识和技能的教学。"卓美课堂"重视创新、创造的逻辑思维过程，鼓励学生具有独立思考、大胆求索的精神，要求学生不仅能吸收新信息，而且能发现新问题，提出解决问题的新策略。

二、 建设"卓美课程"，丰富英语课程内涵

"卓美英语"，卓于跨语言交际，美于跨文化体验。《义务教育英语课程标准(2011年版)》提出，义务教育阶段英语课程的总目标是：通过英语学习使学生形成初步的综合语言运用能力，促进心智发展，提高综合人文素养。其中明确了综合语言运用能力的五个方面：语言技能、语言知识、情感态度、学习策略、文化意识。"卓美课程"依据这五个方面的目标，坚持发展学生的英语学科核心素养，培养学生卓越的语言交际能

力,体验与众不同的文化,发展思维品质,为学生成为具备远见卓识的人才打下扎实的基础。

依据《义务教育英语课程标准(2011年版)》、最新英语学科核心素养框架、广州市教育研究院相关要求、学生的学情等,"卓美课程"包含基础性课程和拓展性课程。以教材为载体的基础性课程,从让学生掌握英语语言知识和技能出发,同时综合发展学生的语言技能、语言知识、情感态度、学习策略和文化意识,促进学生综合语言运用能力的形成与发展。以多种教材外资源为载体的拓展性课程则结合我校学生特点,以全面发展学生英语学科核心素养为目标,落实校本课程,丰富已有的基础性课程。"卓美英语"课程群有以下关键要求:

① 关注学生的基本英语素养,培养扎实的英语听、说、读、写技能。"卓美课程"无论是基础性课程,还是拓展性课程,都需要首先关注培养学生的基本听、说、读、写技能。

② 注重英语的实际应用,提高学生英语沟通能力、交际能力和用英语做事情的能力。语言是人们获取信息、与他人或外界交流沟通、陈述自己观点、协商等的工具,这决定了英语课程需尤其注重用英语沟通、交际,用英语阅读,用英语做事情。

③ 聚焦英语学科核心素养,开拓学生的国际视野及跨文化交际意识和能力。语言是文化的载体,学生在"卓美课程"中,通过接触英语国家的历史地理、风土人情、传统风俗等,能了解另一种文化,对比中外文化,对中国文化有更深的理解,同时初步形成跨文化交际能力,培养开放、包容的意识和态度。

三、 创设"卓美英语节",浓郁课程实施氛围

通过开展"卓美英语节"活动,营造积极向上、热情大胆、健康文明的校园文化氛围,从而激发学生学习英语、探索英语的兴趣,培养学生读英语、听英语、说英语、用英语的好习惯,真正体验到"enjoy and be happy"。

"卓美英语节"以语言的真实使用为出发点,吸引学生主动参与,并让学生从中去感受语言,切实感受到语言的工具性和人文性,在过程中去交流、去表达,去学习科技文化知识,促进思维发展。

1. 活动目标

组织学生开展丰富多彩的英语节活动,在活动中激发学生学习英语的热情,让学生充分感受学习英语的乐趣。积极营造说英语、用英语的氛围,提高学生的朗读能力、表达能力、思维能力和跨文化交流意识与能力,让学生感受英语的无限魅力。

2. 活动内容

①"卓美英语"阅读大本营：读英文绘本、读英文章节小说。②"卓美英语"表演大本营：英语歌曲表演,英语美文朗读,英语故事表演,英语趣配音表演,英语话剧表演。③"卓美英语"创作大本营："创意阅读"英语绘本制作,英文手抄报制作。

"卓美英语节"让学生学习英文,了解不同语言与文化。活动旨在深入实施素质教育,让每一位师生都能在丰富多彩的英语节活动中感受英语之美,聆听英语之灵,书写英语之魅。在学校的主导下,学生、家长、教师共同营造浓郁的英语学习氛围,创建良好的书香校园文化,深化怡园的文化底蕴。

四、 创设"卓美社团"，发展英语学习兴趣

"卓美社团"以英语兴趣为主导,激发学生对英语的兴趣爱好,让学生在语境中接触、体验和理解真实语言,培养学生实际运用英语和实践英语的能力,搭建学习和表达的平台,在交流中促使学生增强英语交际能力,了解外国文化,形成跨文化意识和能力,开拓国际视野,提高综合语言使用能力。"卓美社团"作为发挥学生个性、施展潜能的强大阵地,不仅课程类型丰富,在实施过程中,更重视学生的成长和独特的体验。

"卓美社团"有"快乐拼读社团、英语书写社团、创意阅读社团、英语趣配音社团、英语话剧表演社团"等,以社团为单位开展"拼读小能手、创意阅读、英语话剧、书写比赛"等活动。通过这些活动,能提高学生的综合素质,促进学生的身心发展,培养竞争意识与团队合作能力。社团活动力求成效,以促进每一位学生富有个性的发展,推进学生的创新发展,推进素质教育。"卓美英语"主要社团的具体内容如下：

① 快乐拼读社团。该社团旨在培养学生英语学习的主动性和创造力,让学生更好地学习和掌握自然拼读,初步掌握"见词能读,听词能拼"的单词认读和记忆方法,提升学生的英语单词学习能力和学习效率。学生在"快乐拼读社团"中学习有关自然拼

读的知识，并用不同的操练形式巩固自然拼读，从而掌握好拼读方面的知识。

② 英语书写社团。该社团旨在规范学生的书写习惯，培养良好的学习习惯，为未来的英语学习打下坚实的基础，同时提高学生学习英语学习的兴趣。"英语书写社团"训练学生规范书写 26 个字母、单个的单词、短语、句子及篇章，并采用游戏、比赛等形式，激励学生养成很好的书写习惯。

③ 创意阅读社团。该社团旨在提升学生对英语学习的兴趣，鼓励学生课外阅读，拓宽英语学用途径，放飞想象的翅膀，促进学生的文化交流意识与能力。"创意阅读社团"选择一些经典绘本让学生阅读，学生读后将阅读过的一本英文书进行介绍和开展创意写作。

④ 英语趣配音社团。该社团旨在丰富学生的课余生活，培养孩子们的英语口语表达能力，提高学生的朗读水平，为学生搭建一个展示自我的平台。社团通过"英语趣配音"软件选择一些适合学生水平的短片，让学生模仿、表演，从而使学生收获在英语学习上的成就感。

⑤ 英语话剧表演社团。该社团旨在学生提供自我展示的舞台，培养学生英语语言的实践能力和综合运用能力，形成良好的合作、创新等习惯，提升综合人文素养。学生先学习一些经典话剧作品，再模仿、展示出来。

"卓美社团"以培养学生的兴趣爱好、发展个性特长为抓手，为学生提供展示自己爱好与技能的广阔舞台，展现最真实的自己。通过这一展示舞台，锻炼学生的身体素质，促进学生身心发展；培养学生的竞争意识、合作精神和坚强毅力；丰富学生的知识，使其尽最大可能地发挥出自己的才智，挖掘自身最大的潜力。

总之，"卓美英语"扩宽学生的语言，打开学生的视野，使英语变成学生和世界、学生和老师之间交流的一种思想方式，引领学生在丰富多彩的英语世界里遨游。

（撰稿人：佘欣然　唐晓琦）

第五章

韵美音乐：让儿童体验音乐的韵律美

"韵美"意为随韵而动，以美悦情。"韵美音乐"引领儿童感受美妙的音乐世界，享受音乐的韵律之美。"韵美音乐"旨在追求以审美为核心，以美激趣、以美动情、以美育人；以体验为根基，挖掘学生的潜能，提升学生的想象力和创造力，提高学生的审美意识和审美能力。

在学校"怡文化"的引领下，在学校"如歌式课程"的指导下，广州市黄埔区怡园小学音乐学科秉承"让儿童体验音乐的韵律之美"学科课程理念，开展了一系列的尝试。本学科成立教研组，在人员组成方面进行优化整合，充分发挥团队合力，积极落实各项活动；积极参加市、区教育主管部门组织的各类教研活动，鼓励科组老师进行教学创新、尝试开展专题科研等。经过多年的努力，取得了一定成果，科组教师积极申报区、市级课题，主动承担校内公开课、区级公开课等；在"一师一优课，一课一名师"评比活动中相继获得荣誉；在区域内独创男童合唱团，并在区、市级比赛乃至国际大赛中获得好评。为更深入地推进我校音乐学科的发展，现依据《教育部关于全面深化课程改革落实立德树人根本任务的意见》《义务教育音乐课程标准（2011 年版）》等，推进我校"韵美音乐"学科课程建设的探索与实践。

课程哲学　享受音乐的韵律美

一、学科性质观

《义务教育音乐课程标准（2011 年版）》中把音乐的课程性质确定为：音乐课程是九年义务教育阶段面向全体学生的一门必修课，音乐课程性质主要体现在人文性、审美性、实践性三个方面。

根据《义务教育音乐课程标准（2011 年版）》中关于课程性质的内容可知：该课程具有浓郁的人文性与实践性，课程实施的目的在于挖掘学生的潜能，提升学生的想象力和创造力，提高学生对音乐的审美意识和审美能力。

音乐学科的核心素养，紧扣"审美情趣"而展开，即："具有艺术知识、技能与方法的积累；能理解和尊重文化艺术的多样性，具有发现、感知、欣赏、评价美的意识和基本能力；具有健康的审美价值取向；具有艺术表达和创意表现的兴趣和意识，能在生活中拓展和升华美等。"

因此，音乐学科教研组紧扣音乐学科的核心素养，在实践中触动学生理解和尊重文化艺术的多样性,使学生在课程的参与中逐渐提升自身审美意识与能力,并在生活中得以展示与拓展。以"怡美教育"教育哲学为引领,我校设定音乐课程的学科价值观为:挖掘学生潜能,提升审美情趣。

二、 学科课程理念

在不断的教学实践中,怡园小学音乐学科确立课程哲学为"韵美音乐",确立音乐学科课程理念为"随韵而动,以美悦情",让儿童体验音乐的韵律美。

具体而言:在"随韵而动"中,"韵"意为和谐而有节奏,代表的是一种声音,"随韵而动"是音乐学科的课堂特点的体现;而"以美悦情"则体现了以美激趣、以美动情、以美育人的风采;二者展现了音乐学科的课堂旨在追求以审美为核心,以体验为根基,挖掘学生的潜能,提升学生的想象力和创造力,提高学生对音乐的审美意识和审美能力。

课程目标　品味韵律的美妙

《义务教育音乐课程标准(2011 年版)》中的总体目标要求为:学生通过音乐课程学习和参与丰富多样的艺术实践活动,探究、发现、领略音乐的艺术魅力,培养学生对音乐的持久兴趣,涵养美感,和谐身心,陶冶情操,健全人格。学习并掌握必要的音乐基础知识和基本技能,拓展文化视野,发展音乐听觉与欣赏能力、表现能力和创造能力,形成基本的音乐素养。丰富情感体验,培养良好的审美情趣和积极乐观的生活态度,促进身心的健康发展。

一、 学科课程总体目标

根据《义务教育音乐课程标准(2011 年版)》中关于课程总体目标的内容,结合我校"韵美音乐"的基本理念与实践,可拟定本学科课程总体目标为:通过丰富多样的实践活动的开展,在探究中发现、领略音乐学科的魅力,逐步培养对音乐的持久兴趣,感受美感,陶冶身心,提升想象力和创造力,提高对音乐的审美意识和审美能力;在学习过程中,学习必要的音乐学科基础知识与基本技能,逐渐拓展文化视野,发展音乐的欣赏、表现和创造的能力,形成基本的学科素养。

二、学科年级目标

根据各年级的不同情况,我校分别从"音韵感知、随韵而动、文化视野、随韵创作"四个方面进行目标划分设计,制定符合学生生理、心理以及音乐发展能力的阶段性目标内容,循序渐进地培养学生的音乐基础知识和基本技能、审美素养。详见表5-1。

表5-1 怡园小学"韵美音乐"课程年级目标表

目标 年级	音韵感知 （感受与欣赏）	随韵而动 （表现）	文化视野 （音乐与相关文化）	随韵创作 （创造）
一年级	1. 感受自然界和生活中的各种声音,能够用自己的声音或打击乐器模仿喜欢的音响。 2. 能够听辨歌唱中的童声、女声和男声音色。 3. 体验不同情绪的音乐,能够自然流露出相应表情或做出体态反应。 4. 聆听儿童歌曲,聆听音乐形象鲜明、结构较为简短的进行曲、舞曲及其他体裁的音乐段落。	1. 学唱儿歌、童谣及其他短小歌曲,参与演唱活动。 2. 能够用正确的姿势、自然的声音,有表情地独唱或参与齐唱。 3. 能够对指挥动作做出反应。 4. 每学年能够背唱歌曲4—6首(其中中国民歌1—2首)。 5. 学习常见的课堂打击乐器,参与演奏活动。 6. 能够参与综合性艺术表演活动。 7. 认识简单的节奏符号,能够用声音、语言、身体动作表现简单的节奏。	1. 感受生活中的音乐,乐于与他人共同参与音乐活动。 2. 能够用简单的形体动作配合音乐节奏。 3. 列举声音与日常生活现象及自然现象的联系。	1. 能够运用人声、乐器声模仿自然界或生活中的声音。 2. 能够将儿歌、诗词短句用不同的节奏、速度、力度等加以表现。 3. 能够运用线条、色块、图形来记录感受到的音乐。

续表

目标 年级	音韵感知 （感受与欣赏）	随韵而动 （表现）	文化视野 （音乐与相关文化）	随韵创作 （创造）
二年级	1. 感受乐器的声音。能够听辨常见打击乐器的音色，并能用打击乐器敲击出强弱、长短不同的声音。 2. 能够感受并描述音乐中力度、速度的变化，并对二拍子、三拍子的音乐做出相应的体态反应。 3. 体验并说出音乐情绪的相同与不同。 4. 能够通过模唱、打击乐器对所听音乐做出反应。 5. 能够随着进行曲、舞曲音乐走步、跳舞。 6. 聆听不同国家、地区、民族的儿歌、童谣及小型器乐曲或乐曲片段，初步感受其不同的风格。	1. 能够采用不同的力度、速度表现歌曲的情绪。 2. 每学年能够背唱歌曲4—6首（其中中国民歌1—2首）。 3. 能够用打击乐器或其他声音材料合奏或为歌曲伴奏。 4. 能够配合歌曲、乐曲用身体做动作。 5. 能够与他人合作，进行律动、集体舞、音乐游戏、儿童歌舞表演等活动。 6. 能够用唱名模唱简单乐谱。	1. 能够通过广播、影视、网络、磁带、CD 等传播媒体听赏音乐。 2. 能够参加社区或乡村的音乐活动。 3. 能够用简明的表演动作表现音乐情绪。 4. 能够用色彩或线条表现对音乐的不同感受。 5. 用不同节奏、节拍、情绪的音乐配合简单的韵律操动作。	1. 能够用打击乐器或寻找发声材料探索声音的强弱、长短和音色。 2. 能够在唱歌或聆听音乐时即兴地做动作。 3. 能够用课堂乐器或其他声音材料即兴配合音乐故事和音乐游戏。 4. 能够运用人声、乐器或其他声音材料，在教师指导下编创1—2小节的节奏音型。
三年级	1. 能发现自然界和生活中的各种音响，能够用自己的声音或乐器模仿喜欢的音响。能哼唱熟悉的歌曲或乐曲。 2. 聆听少年儿童歌曲、颂歌、抒情歌曲、叙事歌曲、艺术歌曲、格调健康	1. 乐于参与各种演唱活动。 2. 能够用正确的演唱姿势和呼吸方法唱歌，培养良好的唱歌习惯。 3. 每学年应能背唱歌曲4—6首（其中中国民歌1—2首），学唱京剧或地方戏曲唱腔片段。	关注日常生活中的音乐。	能够运用人声、乐器声等声音材料表现自然界或生活中的声音。

目标 / 年级	音韵感知（感受与欣赏）	随韵而动（表现）	文化视野（音乐与相关文化）	随韵创作（创造）
	的流行歌曲等各种体裁和类别的歌曲,能够随着歌曲轻声哼唱或默唱。	4. 乐于参与各种演奏活动。 5. 每学年能够演奏乐曲1—2首。		
四年级	1. 能够听辨歌唱中不同类型的女声和男声音色,说出人声的分类。 2. 能够认识常见的中国民族乐器和西洋乐器,并能听辨其音色。 3. 听辨不同情绪的音乐,能够做简要描述。	1. 能够用自然的声音、准确的节奏和音调,有表情地独唱或参与齐唱、轮唱、合唱,并能对指挥动作做出恰当的反应。 2. 每学年应能背唱歌曲4—6首(其中中国民歌1—2首),学唱京剧或地方戏曲唱腔片段。 3. 学习竖笛、口琴、口风琴或其他课堂乐器的演奏方法,参与歌曲、乐曲的表演。 4. 每学年能够演奏乐曲1—2首。 5. 能够主动地参与综合性艺术表演活动。 6. 结合所学歌曲认识音名、音符、休止符及一些常用的音乐记号。	1. 喜欢从广播、影视、网络、磁带、CD等传播媒体中收集音乐材料,并经常听赏。 2. 选用合适的背景音乐,为儿歌、童话故事或诗朗诵配乐。	1. 能够即兴编创同歌曲情绪一致的律动或舞蹈,并参与表演。 2. 能够在教师指导下,尝试运用图谱或乐谱记录声音和音乐。
五年级	1. 在感知音乐的节奏和旋律的过程中,能够初步辨别节拍的不同,体验	1. 了解变声期嗓音保护的知识,初步懂得嗓音保护的方法。	1. 主动参加社区或乡村音乐活动,并能同他人进行音乐交流。	1. 能够在教师的指导下自制简易乐器。 2. 能够利用教师

续表

目标年级	音韵感知 （感受与欣赏）	随韵而动 （表现）	文化视野 （音乐与相关文化）	随韵创作 （创造）
	二拍子、三拍子、四拍子的律动感。 2. 聆听不同体裁和类别的小型器乐曲，能够随着乐声哼唱短小的音乐主题或主题片段，能够通过律动或打击乐对所听音乐做出反应。 3. 聆听中国民族民间音乐，了解有代表性的曲、民歌、民间歌舞、民间器乐曲和以京剧为代表的中国戏曲及曲艺音乐，体验其不同的风格。	2. 每学年应能背唱歌曲4—6首（其中中国民歌1—2首），学唱京剧或地方戏曲唱腔片段。 3. 培养良好的演奏习惯。 4. 每学年能够演奏乐曲1—2首。 5. 在有情节的音乐表演活动中（如儿童歌舞剧）担当一个角色。 6. 能够跟随琴声视唱简单乐谱，具有初步的识谱能力。	2. 观赏戏剧和舞蹈，初步认识音乐在其中的作用。	或教材提供的材料和方法，独立或与他人合作编创2—4小节的节奏或旋律。
六年级	1. 能够听辨旋律的高低、快慢、强弱。能够感知音乐主题，区分音乐基本段落，并能够运用体态或线条、色彩做出相应的反应。 2. 能够体验并简要描述音乐情绪的变化。 3. 能够初步分辨小型的音乐体裁与形式。聆听音乐主题并说出曲名。 4. 聆听世界部分国家的民族民间音乐，感受不同的音乐风格。	1. 能够对自己和他人的演唱做简单评价。 2. 每学年应能背唱歌曲4—6首（其中中国民歌1—2首），学唱京剧或地方戏曲唱腔片段。 3. 能够对自己和他人的演奏做简单评价。 4. 每学年能够演奏乐曲1—2首。 5. 能够对自己和他人的表演做简单评价。	1. 能够结合熟悉的影视片，初步感受音乐在其中的作用。 2. 说出某些不同历史时期，不同地域和国家的代表性音乐作品。	能够以各种声音材料和不同的音乐表现形式，即兴编创音乐故事、音乐游戏并参与表演。

总之，我校"韵美音乐"课程根据各年级的目标划分，分别从"音韵感知、随韵而动、文化视野、随韵创作"四个方面进行设计，让儿童品味韵律的美妙。

课程坐标　充满韵律美的音乐课程

我校"韵美音乐"课程框架依据学校"如歌式课程"体系，分为基础性课程和拓展性课程。基础性课程主要培养学生终身发展和适应未来社会所需的共同基础，拓展性课程主要满足学生的个性化学习需求，开发和培育学生的潜能和特长，培养学生的自我认知和自我选择能力。

一、 学科课程结构

根据《义务教育音乐课程标准（2011 年版）》，我国中小学音乐课堂教学内容，包括"感受与欣赏""表现""音乐与相关文化""创造"这四大板块。我校"韵美音乐"拓展性课程根据这四大板块的数学内容相应设置了四个不同的课程领域，分别是"音韵感知""随韵而动""文化视野""随韵创作"（如图 5 - 1 所示）。

（一）音韵感知

音乐教学的核心内容是培养学生的"旋律感"。"旋律感"首先指的是人对曲调的音高和节奏的把握，准确的"音高感"和"节奏感"是组成良好"旋律感"的基础。感知音乐的音高和节奏，是第一学段的教学重点，也是贯穿整个义务教育阶段的重要教学内容。根据不同年级的感知目标，"韵美音乐"课程在感知音乐维度上设计的内容层层递进：在低年段，内容主要为感知音高、节奏、速度、力度等；在中、高年段，为了丰富学生的音乐世界，分别设置了对于中外乐器音色的分辨鉴赏、人声音色鉴赏以及不同体裁音乐的赏析等课程内容。这样安排的目的在于引导学生主动学习，激发和培育学生对音乐的兴趣，提高学生的音乐基本能力。

图 5-1　"韵美音乐"课程结构图谱

（二）随韵而动

表现是学习音乐的基础性内容，是培养学生音乐审美能力的重要途径。"随韵而动"设置了"自然界的声音、小动物的歌、唱唱跳跳、表演童话剧、学唱方言民歌"等一系列的课程，通过教学培养学生自信演唱、演奏、综合性艺术表演的能力，通过音乐实践活动促进学生能够用音乐的形式表达个人的情感并与他人沟通、融洽感情。

（三）文化视野

与音乐相关的文化是音乐课人文学科属性的集中表现，是直接增进学生文化素养的学习领域。"文化视野"设置了"'锅碗瓢盆'交响曲、动物世界的好声音、家乡情、爱祖国"等课程，通过具体的音乐作品和生动的音乐实践活动来促进学生对音乐的体验与感受，提高学生的音乐欣赏、表现、创造的水平以及艺术审美的能力。

（四）随韵创作

创造是发挥学生想象力和思维潜能的音乐学习领域。"随韵创作"通过设置"拍拍打打、模仿秀、即兴表演、小小作曲家"等一系列课程,培养学生的音乐创作实践能力以及发掘学生的创造性思维能力,对于培养创新型人才具有十分重要的意义。

二、学科课程设置

我校音乐学科的拓展性课程,根据一到六年级学生的不同年龄特点和知识特点,有针对性地设定了不同的主题,课程图谱如表5-2所示。

表5-2 怡园小学"韵美音乐"课程设置表

年级	领域 学期	音韵感知	随韵而动	文化视野	随韵创作
一年级	上学期	有趣的声音世界	自然界的声音	"锅碗瓢盆"交响曲	拍拍打打
	下学期	音乐中的动物	小动物的歌	动物世界的好声音	模仿秀
二年级	上学期	感知音乐速度	唱唱跳跳	家乡情	即兴表演
	下学期	感知音乐力度	表演童话剧	爱祖国	编一编
三年级	上学期	感知音乐旋律	多彩的乡音	爱老师,爱学校	你唱我和
	下学期	认知音乐时值	学唱京剧	亚洲音乐	音乐会
四年级	上学期	音色世界	四季的歌	中华情	小小舞蹈家
	下学期	动漫音乐	学唱方言民歌	大洋洲音乐	小小作曲家
五年级	上学期	管乐音色世界	周杰伦的歌	音乐神童莫扎特	自制乐器
	下学期	欧洲名曲欣赏	唱名曲	走进海顿	合作创编
六年级	上学期	古韵琴声	奏一奏	走进贝多芬	玩转音乐
	下学期	管弦乐世界	歌剧《卡门》	冼星海和《黄河大合唱》	音乐游戏

总之,我校"韵美音乐"课程根据一到六年级学生的不同年龄特点和知识特点,设计了一系列的充满韵律美的音乐课程,让孩子们畅游在美妙的音乐世界里,感受音乐

的美好,向美而生。

课程实施　让儿童陶醉于美好的音乐世界

音乐课程,其性质可体现为人文性、审美性和实践性;其根本目的在于挖掘学生的潜能,提升学生的想象力和创造力,提高学生的审美意识和审美能力。音乐课程为学生提供审美体验,是学生陶冶情操,启迪智慧,开发创造性发展潜能,提升创力,传承民族优秀文化的一个重要途径。

我校"韵美音乐"课程以学习歌唱、器乐、舞蹈等为主要教学内容,通过课堂教学、课程设置、活动开展等方式来实现发展学生的思维,提升学生的学习能力,落实音乐课程目标,从而体现怡园小学音乐学科"随韵而动,以美悦情"课程理念。

一、打造"韵美课堂",提升音乐课程实施品质

在不断的教学实践中,怡园小学音乐学科明确提出了"随韵而动,以美悦情"课程理念,"随韵而动,以美悦情"的课堂旨在追求以审美为核心,以美激趣、以美动情、以美育人、以美悦心;以体验为根基,最终挖掘学生的潜能,提升学生的想象力和创造力,提高学生的审美意识和审美能力。

教师作为"韵美课堂"的引导者,要具有良好的美学修养,要用人格魅力和丰富的知识来感染学生。教学过程要注重声韵美、仪态美、语言美、示范美等,循循善诱。

在教学过程中,教师要引导学生喜爱音乐,加深学生对音乐的理解,使学生充分挖掘作品所蕴含的韵律美;要用自己对音乐的感悟激起学生的情感共鸣;要不断提高音乐教学技能,用自己的歌声、琴声、语言和动作,将音乐的美传达给学生;要善于运用生动活泼的形式进行教学,并将思想品德教育内容寓于音乐实践活动中,让学生在艺术氛围中获得审美的愉悦,做到以美感人、以美育人。

"韵美课堂"教学模式有两种。一种是以歌曲教学为主的教学基本模式。该教学

模式充满快乐，给学生创设空间，让学生在愉快的合作学习中增长知识、提高技能、增进友谊；培养学生高尚的情操和情感态度。该模式有五个环节，即：创设情境，导入新课；感知旋律，了解背景；探索发现，学习新知；表现歌曲，实践创造；拓展延伸，课堂小结。另一种是以欣赏教学为主的教学基本模式。该模式课堂教学大致分为四个阶段，即：创设情境，激趣导入；新作赏析，感知体会；理解体验，创编实践；拓展延伸，小结升华。"韵美课堂"真正体现了"学生是学习的主人"。

二、建设"韵美课程"，丰富音乐课程体系

"韵美音乐"韵于音乐旋律，美于音乐素养。音乐的核心素养不单纯是要有基础的音乐知识与实践能力，还要有对于音乐较高的认知能力与审美能力；提高音乐素养，能够加强综合素质和对外部事物较深层的感悟能力。音乐是声音的艺术，在人的生活中起着非常重要的作用，良好的音乐可以净化心灵、美化情操，促使人健康向上。"韵美课程"立足于课标要求，坚持核心素养发展要求，全面发展学生的音乐素养以及其他素养，让音乐之美，美于感性亦美于人文性。

"韵美课程"音乐课程群根据音乐学科师资力量，结合教师自身特长，以国家统编音乐学科教材为原点，依据课程标准设计音乐学科特色"1＋X"课程群。"1"是教师所教授的国家基础性课程，为学生未来生活、工作和学习奠定基础，主要以国家统编教材为教学媒介；"X"是根据基础性课程的学科特点，为进一步满足学生的学习需求而开设的拓展性课程，是基础性课程的拓宽与延伸。拓展课程围绕小学音乐的课程标准、小学生的年龄发展特点以及我校的育人目标而自主设计。"韵美课程"的建设要求有：

① 强化音乐基础。注重基础是小学音乐课程拓展的前提。结合课程标准的要求，我校"韵美课程"在实施的过程中，注重强化学生的音乐基础，重视培养学生的音高感、节奏感、旋律感等。在学生掌握必备的基础知识和基本技能的基础上，让孩子随韵而动，感受音乐之美；让学生在学习、理解基础知识的过程中，发展思维能力、探究能力和创新精神。

② 丰富音响材料。音乐是听觉艺术，学生主要通过听觉活动感受与体验音乐。"韵美课程"在实施的过程中，注重从生活中搜集素材，立足于学生已有的生活经验，补

充一些学生喜欢的、感兴趣的音响资料，突出课程内容与生活的联系，强化音乐实践的价值。

③ 发掘音乐乐趣。"韵美课程"注重在课堂中为学生创造生动、直观、富于感染力的教学情境，以此来激活课堂，提高学生的参与度，提高学生学习音乐的兴趣。

④ 感受韵律之美。音乐中美的因素是多方面的、具体的、意义深刻的。"韵美课程"不仅仅重视基础知识和基本技能的传授，也重视美育的渗透，引导学生发现音乐美、鉴赏音乐美，乃至创造音乐美。在音乐课堂中，教师注重用音乐美来感染学生，激发学生的求知欲和学习兴趣。

三、 组织"韵美音乐社团"，发扬学生个性

基于"随韵而动，以美悦情"课程理念，我校"韵美音乐社团"课程的开发与实施沿着规范化、制度化、品牌化的发展之路，切实保证社团课程时间、社团课程开发与审批、监督管理等重要环节的顺利开展，以学生自主选择、实施为主体，以教师组织引导、服务为手段，以学校支持引领、制度为保障，充分体现学生的主体性。

我校"韵美音乐社团"有合唱团、管乐团、舞蹈团、弦乐团、民乐合奏团，社团活动通过培养学生的兴趣爱好，为学生提供展示自己爱好与技能的广阔舞台，让学生发展个性特长，展现最真实的自己。学生通过这些活动，能提高综合素质，促进身心发展，培养竞争意识与团队合作能力。

我校"韵美音乐社团"的成员是通过校内选拔而来的，人数在30—80人之间，有专门的教师组织训练，并安排固定的时间和场地培训。数年来，学校艺术教育取得了丰硕的成果，合唱团、舞蹈团、管乐团积极参加区、市教育系统组织的比赛，均获得较好的成绩。这些成绩的取得离不开以下几个方面的努力：

① 学校领导的重视与支持。多年来，校领导对各音乐社团给予了大力支持和协调安排。学校管乐团分别在东、西校区成立了管乐专用室，室内都配备有全套完整大型打击乐器，各校区乐团编制完整，由示范团、预备团两个阶段式分团，每年在校招收学生，由分管领导和指导老师深入班级和班主任一起积极宣传发动具备学习条件的同学参加报名，激发学生参团的积极性和热情。学校合唱和舞蹈团也都有自己的专用

教室。

② 有高水平的专业指导教师队伍。经学校商量,为了体现"韵美音乐社团"教学的专业化,特聘请专家团队来校指导,并使用专业的教材教辅资料。学校合唱队聘请了合唱方面的专家、教授到校指导,并有专门的负责老师长期跟排训练。学校管乐队,因团队学员基数较大,我校专门有两位管乐老师负责乐团管理、教学监督、实践教学。学校还组织在校乐团老师参加广州交响乐团指挥培训、合作机构的教研培训。通过定时有效的教研活动,采用科学、合理的教学方法和多样化的教学手段,切实有效地提高管乐课堂教学的质量,打造优秀的乐团。

③ 有固定的经费支持。学生在"韵美音乐社团"各社团学习产生的费用由学生缴费、学校经费及区艺术教育专项经费共同支出。学校在建设资金紧张的情况下,仍然购置了必要的乐器,对所购置的乐器质量严格把关,精挑细选;此外,还为各社团出资聘请专家来上课。

通过一系列的措施,我校"韵美音乐社团"各类特色社团活动广泛开展,成效明显,近年来取得了丰硕的成果。

四、创设"韵美音乐节",浓郁课程实施氛围

我校艺术节活动开展至今已有 28 届,每年有不同的主题活动,活动面向全体学生,师生共同参与。丰富多彩的节日活动,让学生在体验教育实践活动中丰富感性积累,提升理性认知,搭建学习和研讨的平台,在交流中增强认识,关注民俗风情,亲近传统文化,弘扬华夏文明。

我校"韵美音乐节"给学生提供展示舞蹈、歌唱、器乐、相声表演的平台;通过艺术节活动,营造和谐向上、健康文明的校园文化氛围和艺术教育环境,展现学生的自我表现能力、审美能力和创造能力,培养学生健康的审美情趣、良好的艺术修养。

我校"韵美音乐节"根据音乐节实施方案安排,以育人为宗旨,面向全体师生,组织开展内容丰富、形式多样的音乐活动,确保师生的参与面,做到班班开展活动,使开展活动的过程成为提高师生素质、陶冶师生情操的过程。

① 高度重视,精心组织。举办音乐节是促进学生全面发展的重要举措,是德育教

育的重要载体。

②　加强宣传，广泛发动。要通过各种形式，围绕举办音乐节的意义、目标和要求，深入宣传，营造浓厚氛围，增强活动的吸引力和感染力，调动广大师生参与活动的积极性和创造性。

③　排练充分，参与面广。音乐汇演形式多样，各班根据要求组织学生排练，低年段以声乐、舞蹈为主，中、高年段可以涉及器乐、课本剧的编排。各班组织排练时，尽量让更多的同学参与，并推选优秀节目在庆"六一文艺汇演"中演出。

五、 开展"韵美赛事"，展示学生风采。

学校通过开展"韵美赛事"课程，坚持每年一度的各种赛事评比，发展学生的特性特长，展示学生的风采。

为全面落实素质教育，促进校园文化建设，充分展示我校小学生艺术风采，我校设置"韵美赛事"的活动，旨在在音乐技能与知识普及的基础上进行提高选拔，从而进一步推动学校艺术教育的改革与发展。

①　才艺比赛。每年6月组织全校范围内的才艺大赛，包括声乐、器乐、舞蹈、相声。一至六年级均可参加，年级先进行初赛，每个年级选15名学生进入半决赛，再按30％的比例选出决赛选手。

②　小主持人比赛。六一前夕，在三至六年级组织开展小主持人比赛。比赛先在各班组织推荐，然后参加学校层面的比赛。

"韵美赛事"以各种比赛为课程内容，需要具备详细的比赛规则，对每门赛事课程的评价，我校是从如下方面展开的：

①　比赛体现"以人为本"的理念。教师在活动中，要注意角色的转换，要从过去的主导、主角的地位向孩子学习的伙伴、朋友、知己的角色转换。

②　比赛具有"公平公正"的规则。每项赛事，都要建立完备的赛事方案，尤其对比赛规则的制定，要有严密的评分系统，避免出现比赛不公正，影响学生比赛成绩的现象。

③　比赛的效果乐于接受。比赛不能为了成绩而进行，而是要将比赛的内容融入

日常的教学行为中，使学生的艺术技能得到不断提高。

④ 比赛全面关注学生。比赛的结果应全面关注学生，对不同层次的学生需要设定不同层次的标准，以激励原则为主。

总之，我校通过打造"韵美课堂"，提升了音乐课程实施品质；通过建设"韵美课程"，丰富了音乐课程体系；通过组织"韵美音乐社团"，激发了学生才能；通过创设"韵美音乐节"，浓郁了课程实施氛围；通过开展"韵美赛事"，展示了学生风采。这一切都为了让学生体验音乐的韵律美。

（撰稿人：莫清瑶　安伟莎）

第六章

悦美美术：让儿童体验美术活动中的愉悦

美术课程追求人文性，强调愉悦性。让儿童感受缤纷的色彩，塑造独特的形状，欣赏大自然有趣的肌理，用线条描绘内心的感受，用色彩表达自我的情绪，体会美术活动的乐趣，用心去发现美，用双手创造美，悦己悦人，乐在其中。

广州市黄埔区怡园小学美术科组是一支团结和谐的团体，师资优良、结构合理。美术科组成员共9人，其中中小学一级教师3人，教学经验丰富，科研能力强；科组的年轻教师充满活力，又富有创造力。在学校"怡文化"引领下，在学校"如歌式课程"指导下，教研组以"让儿童体验美术活动中的愉悦"为美术课程理念，充分发挥团队合力，积极认真开展美术教育教学活动。教研组老师参与主持的教育教学市级课题两项、区级课题两项。老师们积极参加市、区教育主管部门组织的各类教研活动，主动承担科组内公开课、区级公开课，教学案例、教学论文多次获得市级比赛一等奖，在"一师一优课，一课一名师"评比活动中获得省级"优课"。我们依据《义务教育美术课程标准（2011年版）》等，推进我校"悦美美术"学科课程建设的探索与实践。

课程哲学　体验愉悦的美术

一、学科性质观

《义务教育美术课程标准（2011年版）》中关于美术课程性质的描述是：美术课程以对视觉形象的感知、理解和创造为特征，是学校进行美育的主要途径，是九年义务教育阶段全体学生必修的基础课程，在实施素质教育的过程中具有不可替代的作用。美术课程凸显视觉性、具有实践性、追求人文性、强调愉悦性。

美术学科核心素养包括：图像识读、美术表现、审美判断、创意实践和文化理解。美术是视觉的艺术，美术课必然以"视觉形象"作为其首要的特性并以此为基础展开。在义务教育阶段的诸多学科中，只有美术学科将视觉形象作为自己唯一的研究对象，也只有美术学科以完整的感知、理解和创造行为来对待视觉形象。视觉形象由一个或多个个体形象及不同的组合方式呈现，它能给人带来直观的视觉感受和冲击。儿童最先是通过个体的直观感受认识世界的，他们会对自己感兴趣的事物进行模仿和学习，鲜艳的色彩、独特的形状、有趣的肌理等都能引起儿童的兴趣。

根据《义务教育美术课程标准（2011年版）》的要求，紧扣美术学科核心素养，在

"怡文化"办学思想引领下，我校美术科组提出的课程哲学是"悦美美术"，让儿童体验美术活动中的愉悦。

二、学科课程理念

我校课程理念是"生命如歌，追梦美好"，解释为课程即美好生活，课程即快乐分享，课程即生命追寻，课程即内在生长。我校美术课程哲学是"悦美美术"，课程理念为"让儿童体验美术活动中的愉悦"。

"悦美美术"注重激发学生的学习兴趣。兴趣是学习美术的基本动力之一。"知之者不如好之者，好之者不如乐之者"强调的是要以学习为乐，孩子感受到学习的乐趣，才会主动去学。"悦美美术"利用美术课程的愉悦性特征，选择"寓教于乐"的教学手段与形式，结合符合儿童年龄特点的教学方法，创设各种情景，让孩子乐在其中，感受美术活动过程的愉悦。

"悦美美术"关注文化与生活。"关注文化与生活"是从 2001 年课改以来美术课程一直坚持的理念。美术是人类文化的一个重要组成部分，与社会生活的方方面面有着千丝万缕的联系。"悦美美术"通过文化情景增强学生对美术作品的了解，加强对学生态度、情感和价值观的培养，从本土文化入手设置课程，紧密联系社会生活，贴近学生的生活经验，提高学生对美术学习的认识，让美术更好地为生活服务。

"悦美美术"重视培养学生的创新精神。创新能力是国家生存与发展的基础，培养公民的创新精神，是国家教育的一个重要使命。美术课程在培养创新精神方面具有独特的优势。"悦美美术"课程尊重学生个性，创设宽松、自由的创作氛围，鼓励学生求新求异，加强实践操作，努力培养学生的创新精神和创作能力。

课程目标　带领儿童徜徉美术世界

《义务教育美术课程标准(2011 年版)》中的课程目标分为总体目标和分级目标。

一、 学科课程总体目标

依据《义务教育美术课程标准（2011 年版）》的精神，我校"悦美美术"课程总体目标定为：学生通过参与丰富多样的美术实践活动，了解点、线、面、形状、色彩、空间、材质、肌理等基本的美术语言，以及将造型元素组合成一件完整作品的方式和方法；能运用各种画笔、画纸、剪刀、泥塑用具、计算机等工具进行创作，表达情感，美化生活；学习美术欣赏和评述的方法，提高审美意识和审美能力，了解美术在文化生活和社会发展中的作用。在学习过程中，学生掌握美术学科基础知识与基本技能，逐渐拓展文化视野，发展美术的欣赏、表现和创造力，产生对美术学习的持久兴趣，形成基本的学科素养。

二、 学科课程年级目标

"悦美美术"课程根据不同年龄段学生的认知水平把课程目标按年级划分。《义务教育美术课程标准（2011 年版）》阐明，美术课分目标从"造型·表现""设计·应用""欣赏·评述""综合·探索"四个学习领域设定。"悦美美术"课程年级目标详见表 6-1。

表 6-1 怡园小学"悦美美术"课程年级目标

目标 学习领域 年级	造型·表现	设计·应用	欣赏·评述	综合·探索
一年级	认识线条、形状、色彩等基本造型元素。尝试用纸、笔、剪刀、手工泥等基本的媒材进行造型活动，体验造型活动的乐趣。	观察身边的用品，初步了解工艺制作的基本方法，尝试不同工具，用身边容易找到的各种媒材进行简单组合和装饰，体验设计制作活动的乐趣。	观赏自然景物和感兴趣的美术作品，能用简短的话语大胆表达自己的感受。	能观察自然与环境的形、色、声、光的变化，感受美术与自然之间的关系。

目标 学习领域 年级	造型·表现	设计·应用	欣赏·评述	综合·探索
二年级	观察、认识线条、形状、色彩等基本造型元素。尝试用纸、笔、剪刀、手工泥等简单的媒材进行造型活动，体验造型活动的乐趣，培养想象力。	观察身边的用品，初步了解工艺制作的基本方法，尝试不同工具，用身边容易找到的各种媒材进行简单组合和装饰，体验设计制作活动的乐趣。了解设计与工艺的作用。	观赏感兴趣的美术作品，了解美术作品的题材(以静物、玩具、人物为主)，能用简短的话语大胆表达自己的感受。	能初步认识自己，尝试、探索美化自己与生活的联系的活动，了解美术与生活之间的联系。
三年级	观察、认识线条、形状、色彩与肌理等基本造型元素。学习使用各种工具进行造型活动，感受不同媒材的效果，丰富想象力，增强创新意识。	尝试从形状与用途的关系，认识设计和工艺的造型、色彩、媒材，了解设计作品的用途。关注身边事物，通过自己的双手设计制作玩具和生活用品。	认识不同的美术种类(如民居建筑与现代建筑、古今交通工具)，了解美术与生活、美术与历史的关系，能用简短的话语表达感受。	知道美术各个学习领域的异同，能用与语文、音乐等学科内容相结合的方式，进行无主题或有主题的想像、创作和展示。
四年级	观察、认识线条、形状、色彩与肌理等基本造型元素。学习使用各种工具，体验不同媒材的效果。通过观察、绘画、制作等方法表现所见所闻、所感所想，激发丰富的想像，唤起创作的欲望。	尝试从形状与用途的关系，认识设计和工艺的造型、色彩、媒材，学习对比与和谐、对称与均衡等形式原理。用手绘草图或立体制作的方法表现设计构想。感受设计和工艺与其他美术活动的区别。	感受美术作品对自然美的描绘，知道重要的美术家和美术作品。了解身边的民间美术，增强民族自豪感。能用语言或文字等多种形式描述作品，表达感受与认识。	了解美术各个学习领域的异同，以及美术与其他学科的联系，能结合语文、音乐、品德与社会、科学等学科内容，进行美术创作与展示，并解释创作意图。
五年级	观察、认识线条、形状、色彩与肌理等基本造型元素。以平面或立体造型的方式，选择各种媒材，进行造型活动，敢于创新与表现。	学会设计创意与工艺制作的基本方法，感受不同材料的特性，初步体验设计、制作的过程，发展创新意识，融设计于生活。	了解美术作品的题材、主题与形式，知道重要的美术家和美术作品。提高对自然美和美术作品的兴趣，重视民间美术与文化遗产。	认识美术与自然、美术与生活、美术与文化、美术与科技之间的关系，进行综合性的美术活动。

续表

目标　学习领域　年级	造型·表现	设计·应用	欣赏·评述	综合·探索
六年级	运用线条、形状、色彩、肌理和空间等造型元素，以描绘和立体造型的方法，选择工具、媒材，记录与表现所见所闻、所感所想，发展美术构思与创作的能力，表达思想和情感。	从形态与功能的关系，认识设计和工艺的造型、色彩、媒材，运用对比与和谐、对称与均衡、节奏与韵律等形式原理，以及各种材料、制作方法，设计和装饰各种图形与物品，改善环境与生活，并与他人交流设计意图。	欣赏中外优秀美术作品，了解有代表性的美术家。通过描述、分析与讨论，用简单的美术术语对美术作品的内容与形式进行分析，表达对美术作品的感受和理解。	结合一至六年级其他学科的知识、技能以及学校和社区的活动，用多种美术媒材进行策划、创作与展示，体会美术与生活环境、美术与传统文化的关系。

课程坐标　设计丰富多彩的美术活动

我校"悦美美术"课程框架依据学校"如歌式课程"体系，分为以国家课程为主体的基础性课程和以校本课程为主体的拓展性课程。基础性课程为学生统一学习的课程内容，重在培养学生的全面美术素养，培养学生终身发展和适应未来社会所需的共同基础。拓展性课程是学生自主选择的学习内容，主要满足学生的个性化学习需求，开发和培育学生的潜能和特长，培养学生的自我认知和自我发展能力。

一、学科课程结构

《义务教育美术课程标准（2011 年版）》按美术学习活动方式把美术课程划分为"造型·表现""设计·应用""欣赏·评述""综合·探索"四个学习领域。我校的拓展性课程以《义务教育美术课程标准（2011 年版）》为依据，紧扣美术学科核心素养，结合小学生的年龄特点和认知水平划分四个美术活动板块，分别是"造型体验、创意设计、欣赏感受、探索发现",如图 6-1 所示。

图 6-1　"悦美美术"课程结构图

(一) 造型体验

"造型·表现"学习领域是美术学习的基础,其活动方式强调学生自由表现,大胆设计创造,外化自己的认识和情感。根据不同学段学生的年龄特点和表现能力,"悦美美术"课程在"造型体验"领域设计了"百变动物园、鸟的天堂、有'泥'有我、虫虫飞"等学习内容,意图让学生通过"观察→感受→提炼→重构"的过程,运用线条、色彩等造型元素表现主题。

(二) 创意设计

"设计·应用"学习领域包括设计和工艺学习内容,强调激发学生的创意,通过设计与工艺教育培养学生的美术素养。"悦美美术"课程在"创意设计"领域设计了"玩具创意、美味餐桌、万变的数字、纹样新花样"等学习内容,旨在引导学习关注生活,学以致用,通过自己的双手改善生活环境。

（三）欣赏感受

"欣赏·评述"学习领域强调学生对自然美、美术作品和美术现象的关注，要求学生通过对自然美、美术作品和美术现象的观察和认识，能用美术语言对这些现象进行描述和评价。"悦美美术"课程在"欣赏感受"领域设计了"趣看毕加索、大师笔下的童年、细赏白石、电影的世界"等学习内容，使学生逐步形成审美趣味和提高审美能力。

（四）探索发现

"综合·探索"学习领域目的在于引导学生了解美术的各个学习领域，美术与其他学科、美术与生活的联系，培养学生认识美术与自然、美术与生活、美术与文化、美术与科技之间的关系。"悦美美术"课程在"探索发现"领域设计的学习内容有"神秘的海洋、趣谈节日、世界奇筑、水的游戏"等，通过综合性美术活动的体验学习，引导学生主动探求，研究创造，运用综合性知识技能去制作、表现和展示，唤起学生对未知领域的探求欲望，体验愉悦和成就感。

二、学科课程图谱

我校"悦美美术"课程，根据一到六年级学生的知识特点和认知水平，有针对性地根据四个学习领域设定了不同主题的课程，课程图谱见表 6-2。

表 6-2 "悦美美术"课程图谱

年级＼领域	造型体验	创意设计	欣赏感受	探索发现
一年级	百变动物园	玩具创意	缤纷的色彩	神秘的海洋
	鸟的天堂	美味餐桌	趣看毕加索	缤纷的涂色游戏
二年级	有"泥"有我	玩转民间	昆虫乐园	趣谈节日
	虫虫飞	有趣的字母	大师笔下的童年	梦幻太空游
三年级	剪纸乐园	立体世界	名画趣赏	世界奇筑
	趣味运动会	万变的数字	奇趣黑白画	有趣的农民画

续表

领域 年级	造型体验	创意设计	欣赏感受	探索发现
四年级	戏游水墨	线条魔法	写意与写实	水的游戏
	魅力漫画	智能小家居	细赏白石	粉笔的探索
五年级	魅力木刻	招贴设计	电影的世界	精彩国粹——戏曲
	彩塑动物	纹样新花样	艺回唐宋	书法的魅力
六年级	透视世界	书籍设计	印象之美	美在花城
	素描的世界	图标设计	古希腊之美	画家笔下的城市

课程实施　点亮儿童七彩的生活

义务教育阶段的美术教育是一种基础美术教育，其根本目的在于陶冶学生的情操，提高学生的审美意识和审美能力，发展学生的感知能力和形象思维能力，培养学生的创新精神和技术意识，引导学生参与文化的传承与交流。

我校美术学科的"悦美美术"课程根据美术活动的四个领域划分为"造型体验、创意设计、欣赏感受、探索发现"四个板块，通过课堂教学、课外研学和微课程等方式来开展，鼓励学生敢于创新与表现，使学生产生对美术学习的持久兴趣，从而落实美术课程目标，体现美术学科"让儿童体验美术活动中的愉悦"的课程理念。美术学科从"悦美课堂""悦美课程""悦美美术节""悦美社团"几方面实施课程。

一、构建"悦美课堂"，提升美术课程品质

依据我校"怡心怡身，至善至美"办学理念，美术学科提出了"让儿童体验美术活动中的愉悦"课程理念。美术课程凸显视觉性、具有实践性、追求人文性，强调愉悦性。

"悦美课堂"以美激趣、以美悦情、以美育人,使学生在美术学习的过程中,丰富视觉、触觉和审美经验,提升想象力和创造力,提高审美意识和审美能力。

"悦美课堂"以美激趣,注重激发学生的学习兴趣。"悦美课堂"聆听学生的心声,充实教材内容;创设情境,让学生有感而发,顺其自然地将情感体验融进自己的创作;开展小组合作模式,让学生互依互助,相互促进;开放美术表达,让学生自主选择表达方式,体验美术活动中的乐趣。

"悦美课堂"以美悦情,关注文化与生活。从身边入手,关注所在地区的民间美术,让学生感受身边的传统文化;让学生在课堂中学习基本的美术知识,掌握美术的基本技能,美化生活、改变生活环境。

"悦美课堂"以美育人,重视培养学生的创新精神。"悦美课堂"尊重学生的个性,鼓励学生大胆地表现;创设自由的学习氛围,引导学生独立思考、发现问题;设定的评价标准注重创造性,鼓励学生创作与别人不一样的作品;采用探究学习的方式,综合不同的学科,培养学生发现问题、提出问题的能力;加强实践操作,提高学生解决问题的能力。

二、 建设"悦美课程",丰富美术课程内涵

"悦美课程"在"怡美教育"教育哲学的指导下,围绕学校育人目标,旨在实现对国家课程的有益补充与转化,优化课程体系,以"1＋X"的模式建设。这是在基础课程之上,根据学情、师情、校情创造性研发的多个拓展课程。"1＋X"课程模式是国家课程校本化的实施,课程的丰富性是课程群发展的基础。

根据学校美术学科师资配备,我校倡导美术教师在国家课程校本化实施的基础上总结经验,以美术学科为原点,设计美术学科特色"1＋X"课程群。"1"是教师教授的国家基础性课程,"X"是指教师根据国家课程开展的拓展性课程,是基础性课程的延伸。

"悦美课程"立足目标,以生为本,充分尊重学生的个性特点,并使个体得以充分地发展,有针对性开发适合学生学习的课程,为个性化人才培养奠定基础。

"悦美课程"聚焦素养,整合优化。美术学科核心素养包括图像识读、美术表现、审

美判断、创意实践和文化理解。学生学习并掌握简单的美术技能，完成创作表现活动或者美化装饰生活，是小学美术课程的基本任务。美术学科核心素养的提出，对小学美术课程有了更高的要求。"悦美课程"在国家课程的基础上根据学科核心素养的要求，进行课程的设计与开发。

"悦美课程"联系生活，传承文化。引导学生善于利用从课堂中学到的美术知识和掌握的美术方法与技能，美化生活、改变生活环境；从身边入手，关注所在地区的民间美术，结合实地参观的教学方式，让学生感受身边的传统文化，使学生开阔眼界，加深形象记忆，激发创作表现欲望。

"悦美课程"注重应用，探索实践。有一类美术被称为应用美术，也称为实用美术，指具有社会实用意义、反映社会生活应用目的的一种美术。实用美术在生活中无处不在，与学生的生活息息相关，能最大限度地调动学生的学习积极性，激发学生探索创作的欲望。

三、 创建"悦美美术节"，浓郁课程实施氛围

丰富多彩的节日活动，使学生在实践活动中丰富感性积累，提升理性认知，搭建学习和研讨的平台，在交流中促使学生增强认知能力，关注民俗风情，亲近传统文化，弘扬华夏文明。

学校通过美术节活动，营造和谐向上、健康文明的校园文化氛围和艺术教育环境，展现学生的自我表现能力、审美能力和创造能力，为学生提供展示美术才华的舞台，培养学生健康的审美情趣，使学生获得对美术学习的持久兴趣，形成基本的美术素养。

"悦美美术节"的活动内容有：举行美术比赛；举办书画展览；邀请名家进校园，举办主题讲座，进行主题活动；邀请高校美术学院学生举办主题美术活动。

其中，"悦美美术节"美术比赛项目类型有：绘画、书法篆刻、手工艺作品、电脑绘画和摄影作品。绘画作品画种不限，作品题材与表现形式不限，单幅作品或组画均可。书法作品可采用风格高雅的古今优秀诗文、词赋、名言、佳句、楹联，或结合活动主题自创作品内容；书体不限，横、竖开均可。篆刻作品文字、图形不限，刻印风格不限，白文、朱文皆可。手工艺作品包括剪纸、皮影、年画、刺绣、编织、面塑（泥塑）、版画、扎染（蜡

染)等。

四、打造"悦美社团"，发展美术学习兴趣

学生社团是现代学校建设的重要资源，随着课程内容的不断拓展，学生社团已经成为发展学生自主管理能力的新型课程，是实施素质教育的重要内容。"悦美社团"作为发挥学生个性、施展潜能的强大阵地，不仅课程类型丰富，在实施过程中，更重视学生的成长和体验。

"悦美社团"以兴趣为主导，通过培养学生的兴趣爱好，发展其个性特长，为学生提供展示自己爱好与技能的平台，使学生展现最真实的自己。"怡园水墨社、怡园版画社、怡墨书法社、岭南皮影社、趣味彩铅社、创意素描社、手绘 POP 艺术字体社团"，为学生提供多样的选择。

"怡园水墨社"通过写意国画的教学，使学生了解国画的起源、形成与发展，认识国画的画貌风格及特点，能初步掌握国画的绘画技法与创作。学生通过对国画的学习，增强感悟艺术的能力，提高自身的艺术素质。

"怡园版画社"通过木版画的教学，使学生了解木版画的起源、形成与发展，认识木版画的画貌风格及特点，能初步掌握木版画的技法与创作。学生通过对木版画的学习，增强感悟艺术的能力，在不断接触、掌握更多艺术类型的过程中，扩充艺术手法和语言，增强艺术表现的能力。

"怡墨书法社"倡导"写好中国字，做好中国人"，学生学习书法，继承传统文化，弘扬民族艺术，提高审美情趣，丰富校园文化生活，成为汲取中华传统文化精髓的新型建设者和接班人。

"岭南皮影社"通过皮影基础的教学，让学生对陆丰皮影有初步认识，提取其中的美术元素，以丰富的形式弘扬中国梦、弘扬社会主义核心价值观、弘扬中华传统美德、彰显时代主旋律。

"趣味彩铅社"旨在激发孩子们学习美术的兴趣，帮助孩子们掌握彩色铅笔绘画的基础知识，使孩子在学习彩色铅笔绘画技法、创作彩色铅笔画的过程中，发展思维，用敏锐细腻的童心去感受世界，用多姿多彩的画笔去记录生活中的点点滴滴，让他们成

为小小绘画达人。

　　"创意素描社"根据学生年龄的特点，通过一系列有趣、系统的方法，让孩子在学习素描知识的同时，探索素描趣味，走进素描与创意的世界。

　　"手绘 POP 艺术字体社团"的主要学习内容包括英文字母和汉字的造型变化。其中，英文字母分为"大写英文字母""小写英文字母"两部分；汉字则分为"正体字""活体字""胖胖字""棱角字""软体字""细体字"等几部分。在掌握字体的基础上，学生进行图文结合的学习，从而，能够从整体上完成一幅图文结合的画。

　　　　　　　　　　　　　　　　　　　（撰稿人：何青云　吴国斌）

第七章

健美体育：让儿童拥有健康体魄和乐观心态

只有健康的身体和乐观向上的心态，才能拥有幸福感。"健美体育"就是让儿童明白不仅要有身形之美，还应该有心灵之美；引导儿童养成终身锻炼的习惯，强健体魄，丰富运动知识，喜欢上运动；培养儿童积极向上的情感，让儿童成为新时代的"怡美少年"。

怡园小学体育科组是一支富有活力、乐观向上、爱岗敬业、团结奋进、业务精良的教师团队，2014年被评为广州市黄埔区优秀体育科组。科组现有教师12名，均为本科以上学历，其中中小学一级教师3名，中小学二级教师9名。科组老师积极参加全国、省、市、区的各级各类体育教师教学技能大赛，例如：2015年参加全国"十城市"学校体育教学观摩研讨会现场课例展示获得一等奖，2010—2018年多次参加市区级体育教师教学技能大赛获得一等奖；2018年参加区全校大课间比赛获得一等奖，同时代表区参加广州市的展示（每区一所）；怡园小学是广州市游泳、羽毛球、网球等传统项目学校，也是区击剑网点学校，每年参加各级别各项目比赛均获得优异的成绩；多年来参加黄埔区中小学运动会，成绩名列前茅。科组教师同心同德，带领全校师生开展各类比赛和体育锻炼活动，使全校师生的身体素质稳步提升。全校体育工作从点到面，从面到点，呈现出朝气蓬勃、阳光活力的精神面貌。为充分发挥课程在素质教育中的重要作用，现根据《教育部关于全面深化课程改革　落实立德树人根本任务的意见》《义务教育体育与健康课程标准（2011年版）》等，制定我校体育学科课程建设方案。

课程哲学　体育塑造美好的人生

一、学科性质观

《义务教育体育与健康课程标准（2011年版）》将体育与健康课程性质定义为"以身体练习为主要手段，以学习体育与健康知识、技能和方法为主要内容，以增进学生健康，培养学生终身体育意识和能力为主要目标的课程"。体育不单单是锻炼身体，更是在教授的过程当中承担着"育人"的任务：通过增强儿童体质，促进儿童身体健康发展，为提高全民素质，为社会主义现代化建设培养德、智、体、美全面发展的建设者和接班人服务。同时，抓好学校体育也是促进教育事业整体发展的重要一环，学校体育作为实现教育立德树人根本任务的重要载体，在培养儿童健康的生活方式，塑造儿童强健的体魄，提高儿童的运动技能，磨炼儿童坚强的意志等方面，发挥着举足轻重的作用。

　　学校体育是学校教育中最为活跃的一个元素，它丰富着儿童人文精神的发展，激励着儿童展现积极向上、阳光激昂的精神风貌。学校体育中的专业教师在学校教师队伍中扮演着重要的角色，他们通过课堂教学教授儿童体育技能、体育文化、体育品质，引导儿童全面健康地成长。学校体育教学，特别是作为必修科目的体育与健康课程，是覆盖全体儿童身体健康教育的关键，是促进儿童体育与健康核心素养形成的必要要素，其在教育实现"立德树人"根本目标的实践过程中，具有其他学科无法替代的作用。

　　根据课标的要求，我们可以提炼并概括出小学体育与健康的核心素养是：运动兴趣、运动能力、健康行为、体育品德。运动兴趣包括积极参与体育学习与锻炼，体验运动乐趣与成功。运动能力包括学习体育运动的知识，掌握运动技能和方法，增强安全意识和防范能力。健康行为包括能够掌握基本保健知识和方法，塑造良好的体型和身体姿态，全面发展体能与健身能力，提高适应自然环境能力。体育品德包括培养坚强的意志品质，学会调控情绪的方法，形成合作意识和能力，具有良好的体育道德。从体育学的角度来看，要使核心素养能够认真落实，体育课堂教学和课余体育活动的体系建构和导向就非常重要，同时它们也是儿童通过学习后，形成能力和品格的关键环节。

　　基于此，在"怡文化"引领下，结合体育课程性质，我校将体育学科课程哲学定义为"健美体育"。"健美体育"，让孩子们拥有健康体魄和乐观心态。"健美体育"不仅仅是通过锻炼让孩子们身体变得强壮，更是在学习和锻炼中让孩子们掌握体育与健康知识、技能和基本方法，养成终身体育锻炼的习惯，拥有良好的心态，从而拥有美好的人生。

二、　课程理念

　　我校体育课程哲学是"健美体育"，体育课程理念为：让儿童拥有健康体魄和乐观心态。

　　"健美体育"重视外在的身形之美。课堂上坚持"健康第一"的指导思想，注重提高儿童身体素质。通过教学，引导儿童掌握体育与健康基础知识、基本技能和基本方法，增强儿童的体能。儿童身强力壮，浑身便散发着活力。

"健美体育"培养内在的心灵之美。通过持久的课堂体育锻炼、课后体育运动，培养儿童坚强的意志品质、合作精神和交往能力，为儿童终身参加体育锻炼奠定基础，促进儿童健康、全面发展。如此，儿童从内心里透出的是阳光的心态，从外在展现的是自信的容颜。

"健美体育"塑造向上的生命之态。通过各种形式的锻炼，让儿童体验到运动乐中有苦、苦中有乐，在不断延续的乐趣中，养成终身锻炼的习惯，形成健康的生活方式和积极进取、乐观向上的人生态度。

"健美体育"关注儿童的需要，重视儿童的情感体验，始终把儿童主动、全面的发展放在中心地位；在注意发挥教学活动中教师主导作用的同时，特别强调儿童学习主体地位的体现，以充分发挥儿童的学习积极性和学习潜能，提高儿童的体育学习能力。

"健美体育"强化运动育人的功能，让体育回归到最重要的育人功能上，让儿童树立阳光体育的理念，让他们走出教室、走下网络、走向操场，在运动中培养团结友爱、吃苦耐劳的精神，健全人格。"德智皆寄于体，无体是无德智也"。

总之，"健美体育"增长儿童的运动知识，丰富儿童的运动体验，增强儿童的健康体魄，提升儿童的生命状态，塑造儿童的心灵品质，在运动和学习中培养儿童积极向上的情感，让儿童成长为新时代的"怡美少年"。

课程目标　形成健康的生活方式

一、学科课程总体目标

学生通过课程的学习，掌握体育与健康的基础知识、基本技能与方法，增强体能；学会学习与锻炼，发展体育与健康的实践能力和创新能力；体验运动的乐趣和成功，养成体育锻炼的习惯；发展良好的心理品质、合作与交往能力；提高自觉维护健康的意识，基本形成健康的生活方式和积极进取、乐观开朗的人生态度。

二、 学科课程的水平目标

学段目标又可以细化为年级水平目标，根据水平目标划分，我校分别从"运动参与、运动技能、身体健康、心理健康与社会适应"四个方面制定符合儿童生理和心理发展的水平目标（见表7-1）。

表7-1 怡园小学"健美体育"课程年级水平目标

	运动参与	运动技能	身体健康	心理健康与社会适应
水平一（一、二年级）	上好体育与健康课并积极参加课外体育活动。	获得运动的基本知识和体验；学习基本的身体活动方法和体育游戏；学习不同的体育活动方法；初步了解安全运动以及日常生活中有关安全避险的知识和方法。	初步了解个人卫生保健知识和方法；注意保持正确的身体姿态；初步发展柔韧性、灵敏性、速度和平衡能力；发展户外活动能力。	努力完成当前的学习任务；体验体育活动对情绪的积极影响；在体育活动中适应新的合作环境，爱护和帮助同学。
水平二（三、四年级）	积极参加多种体育活动。	学习奥林匹克运动的相关知识；体验活动过程并了解运动名称的含义；提高基本身体活动和完成体育游戏的能力；初步掌握多种体育活动方法；重视体育活动和日常生活中的安全问题。	了解个人卫生保健知识和方法；初步了解疾病预防知识；改善体形和身体姿态；发展柔韧性、灵敏性和平衡能力；增强适应气候变化的能力。	坚持完成有一定困难的体育活动；在体育活动中保持积极稳定的情绪，乐于交流与合作；遵守运动规则并初步自我规范体育行为。
水平三（五、六年级）	学会通过体育活动进行积极性的休息，感受多种体育活动和比赛的乐趣。	丰富奥林匹克运动的知识；了解运动项目的知识；学会体育学习和锻炼，观看体育比赛；掌握一定难度的基本身体活动方法；基本掌握运动项目的技术动作组合；初步掌握运动损伤及常见意外伤害的预防与简易处理方法。	初步了解人体运动系统；了解卫生防病的知识和方法、食品安全与健康的关系；初步掌握青春期的生长发育特点与保健知识；保持良好的身体姿态；提高灵敏性、力量、速度和心肺耐力。	在体育活动中表现出克服困难的意志品质，注意调节自己的情绪，尊重相对较弱的同学；正确认识和对待身体条件和运动能力的差异；在团队体育活动中能较好地履行自己的职责；形成良好的体育道德意识行为。

儿童通过对课程目标的学习，增进健康，掌握和应用基本的体育与健康知识和运动技能，形成运动的兴趣和锻炼的习惯，形成良好的心理品质，提高人际交往的能力与合作精神，形成健康的生活方式和积极进取的生活态度，提高运动技术水平。

课程坐标　让体育充实儿童的生活

我校"健美体育"课程框架依据学校"如歌式课程"体系，分为以国家课程为主体的基础性课程和以校本课程为主体的拓展性课程。基础性课程为所有儿童统一学习的基础课程，具有基础性、普及性和发展性，重在培养儿童的全面素养，培养儿童掌握必备的基础知识和基本技能，为儿童未来的生活、工作和学习奠定重要的基础。拓展性课程是由儿童根据自己的爱好和需求自主选择的学习内容，主要满足儿童的个性化学习需求，开发和培育儿童的潜能和特长，培养儿童的自我认知和自我发展能力。

一、学科课程结构

为体现义务教育课程的整体性，更好地贯彻"三维健康观"，更好地体现知识与技能、过程与方法、情感态度与价值观三维课程目标和健身育人的思想，《义务教育体育与健康课程标准(2011年版)》将体育与健康划分为"运动参与、运动技能、身体健康、心理健康与社会适应"四个学习方面，真正体现了体育与健康课程的性质和"健康第一"的指导思想，有利于课程目标的实现，有利于发挥体育与健康课程健身育人的功能。

依据《义务教育体育与健康课程标准(2011年版)》，我校基础性课程与学科核心素养保持一致，分为"运动兴趣、运动能力、健康行为、体育品德"四个领域：纵向，涵盖各水平四个领域的学习；横向，由浅及深体现螺旋上升，共同指向儿童的体育综合素养。详见图7-1。

图7-1 "健美体育"课程结构图谱

(一) 运动兴趣

"运动兴趣"包括积极参与体育学习和锻炼,体验运动乐趣与成功。

在小学阶段,体育课程要通过丰富多彩的内容、形式多样的方法,激发儿童体验运动乐趣,培养儿童的运动兴趣和参与意识,让儿童喜爱上体育课,喜欢参与体育锻炼,课堂学习中能积极投入,主动参与课外体育锻炼。因此我们要激发儿童的学习兴趣,并注重创设和谐温馨的体育学习环境与氛围,让儿童主动参与体育运动,逐步形成体育锻炼的意识和习惯。

(二) 运动能力

"运动能力"主要包括学习体育运动知识,掌握运动技能和方法,增强安全意识和防范能力。在小学阶段要注重通过体育游戏学习发展儿童的基本运动能力。课程标准规定学习的六大类运动中,我们根据本校儿童的学习基础、生活经验、兴趣爱好和教学条件,选择合适的内容进行教学,以发展儿童基本身体活动能力为主,如走、跑、跳、投、抛、接、挥击、攀、爬、钻、滚动和支撑等动作,而且采用游戏练习、情境教学等丰富多彩的、有趣的教学方法,发展儿童的基本能力。

（三）健康行为

"健康行为"包括掌握基本保健知识和方法，塑造良好体型和身体姿态，全面发展体能与健身能力，提高适应自然环境的能力等。在小学阶段要注意引导儿童懂得营养、行为习惯和疾病之间的关系，预防疾病对身体发育和健康的影响。提高儿童维护健康的意识和能力，全面发展儿童的体能，重视引导儿童进行耐力、力量、灵敏性、柔韧性、速度等方面的体能练习。健康行为，主要是通过结合运动技能的教学和体能的练习来实现，但有些"纯"健康教育的内容，还需要体育老师开展一些健康教育知识的教学。

（四）体育品德

"体育品德"包括培养坚强的意志品质，学会调控情绪的方法，形成合作意识与能力，培养良好的体育道德。体育课程必须重视培养儿童的自信心、坚强的意志品质、良好的体育道德、合作精神与公平竞争的意识，帮助儿童掌握调节情绪和与人交往的方法，注意培养儿童自尊、自信、不怕困难、坦然面对挫折的精神，引导儿童在体育运动中学会交往。同时教师应通过有效的教学设计和实施，提高儿童的心理健康水平与社会适应能力。

二、学科课程图谱

我校"健美体育"根据核心素养和水平一到水平三儿童的不同年龄特点和知识特点，针对性地设定了不同的主题，课程图谱如表7-2所示。

表7-2 "健美体育"课程图谱

领域	维度 \ 水平	水平一	水平二	水平三
运动兴趣	学会参与	爱上体育课	体育全接触	如何用体育来休息
		运动魅力	体育世界	体育调节
	体验快乐	体育活动	比赛的乐趣	体育态度
		沙包投准	足球比赛	田径运动会

续表

领域 \ 维度 \ 水平		水平一	水平二	水平三
运动能力	体育知识	运动基本知识	奥林匹克	学会观看比赛
		体育与健康	体育简史	体育录像
	技能与方法	了解基本运动技能	掌握多种运动技能	有难度的体育
		初学者	体育运动	竞技体育
	安全体育	安全运动	日常生活的运动安全	运动损伤的处理
		运动小常识	运动环境	扭伤的包扎法
健康行为	生活保健	卫生与保健	疾病预防	青春期知识
		饭前洗手操	运动后的保暖	青春小常识
	完美体态	正确的身体姿态	改善体形	如何保持正确的身体姿态
		队列队形	行进间转法	韵律操
	体能与健身	基本身体素质	发展多种身体素质	全面提高身体素质
		投沙包	上下肢力量	核心力量
	适应自然	户外运动	适应气候变化	
		动起来	体育装备	
体育品德	品质培养	完成任务	解决困难	迎难而上
		跑	跑步的方法	追逐跑
	调控情绪	体验情绪	积极情绪	做情绪的主人
		体验规则	理解规则	渗透规则
	亲密无间	适应合作环境	合作与交流	履行职责
		接力跑	接力翻纸牌	比赛裁判员
	体育道德	爱护与帮助	遵守规则	关爱弱者
		老鹰抓小鸡	喊数抱团	体育帮扶

　　通过本课程的学习,儿童在体能和运动技能水平上会有一定的提高,在体育与健康知识方面的理解会更加深刻;能学会体育学习及其评价方法,增强体育实践能力和

创新能力；能形成运动爱好和专长，培养终身体育的意识和习惯；能发展良好的心理品质，增强人际交往技能和团队意识；能具有健康素养，塑造健康体魄，逐步形成健康的生活方式和乐观的人生态度。

课程实施　让儿童体验运动之美

2016 年，中共中央、国务院印发的《"健康中国 2030"规划纲要》指出将健康教育纳入国民教育体系，把健康教育作为所有教育阶段素质教育的重要内容。在这种精神的指引下，我校"健美体育"学科课程将通过课堂教学、课外社团组织、课外赛事的举办等方式落实"运动兴趣、运动能力、健康行为、体育品德"四个领域的目标，体现体育与健康学科的"让儿童拥有健康身体和乐观心态"课程理念。

一、打造"健美体育"课堂，提升体育课程品质

"健美"是与人的形体美密切相联的，健美是形体美的基础。人体的对称的造型、均衡的比例、流畅的线条、坚强的骨骼、匀称的四肢、丰满的躯体、弹性的肌肉、健康的肤色，是形体美不可缺少的条件。健美还要求充沛的精神、愉快的情绪和青春的活力。这些是通过体育与健康课程培养的全面发展的人的特质。

① 运动。"健美体育"课堂的首要特点是运动，儿童的身体要有形体美，必须在运动中形成，同时体育课程的各种目标都是通过运动完成的，儿童在运动中学习体育知识，在运动中习得技能与方法，在运动中锻炼身体和提高健康水平。没有儿童积极主动地参与运动，体育与健康课程的目标是没有办法实现的。

② 活跃。活跃是指精力充沛地积极参与活动、运动，行动活泼而踊跃，情绪蓬勃而热烈。"健美体育"课堂应该具有这样的特点：课堂上能引导儿童发自内心地愿意体验运动的乐趣，激发和培养儿童运动的兴趣和参与的意识。儿童在课堂中能积极地、投入地在老师的指引下进行如走、跑、跳、投、抛、接、挥击、攀、爬、钻、滚动和支撑等

动作的训练,兴致勃勃地进行各种课内赛事。

③ 趣味。儿童对体育课的兴趣如何,直接关系到体育课的教学效果。"健美体育"课堂中教师要努力激发儿童的学习兴趣,营造充满趣味的课堂氛围,让儿童能在轻松愉快的学习气氛中掌握知识、锻炼身体、陶冶情操。老师要在基础课的素质练习中坚持知识性和趣味性的结合,如短跑、原地摆臂、立定跳远、引体向上、仰卧起坐等,这些基础项目的练习对儿童来说无疑是枯燥无味的,为了活跃体育课的学习氛围,体育老师应该通过语言、游戏、音乐、竞赛、创新等激发儿童的趣味,注意项目的多变性和多样性,不千篇一律。各项目的训练能够安排儿童自由选择,自由练习。

④ 丰富。"健美体育"课堂所呈现出来的内容、形式、评价等都应该是丰富多彩的,即便是一堂课里学习的运动技巧和方法只有一个,但是可以通过不同内容、不同形式的训练达到既定目标的效果。同时,"健美课堂"会利用动感音乐、七彩器材等让课堂更加灵动和有生机。

二、 建设"健美课程",丰富体育课程内涵

体育属于国家课程,是每个儿童的必修课。在"健美课程"中,学校根据不同的项目,不同的儿童年龄,开发出丰富多彩的课程,设计选修课。我们以"理论与实践共进行,传承与创新齐发展"的理念作为课程建设的指导精神,本着"体现教材,重点解决教材难点"的原则完成课程群的建设。教学中通过生动形象的游戏让儿童产生兴趣,引导儿童进行各项目技术技能的训练。特色课程定位于教师点拨指导,不是课堂教学的简单重复,而是与国家课程形成互补,课程设计兼顾体育学科特点、教材特点和儿童认知特点,形成系统的层递式的培养。

小学体育课程内容的开发与利用要遵循目的性、科学性、可行性、层次性、趣味性和文化性等原则。"健美课程"的内容是丰富多彩、灵活多变的,只要我们多观察、多思考,就会开发和创造出更有趣的、受儿童喜爱的课程内容来。我们从以下三个方面着手开发"健美课程":

① 对现有运动项目的改造。根据儿童的身心发展特征,加强对现有运动项目的改造,可以通过简化规则、简化技术、降低难度、改造场地与器材等手段,开发出适合儿

童学习的教学内容，例如花式篮球。

②对时尚运动项目的利用。"健美课程"可以关注教学内容的时代性，根据实际情况选用健美操、街舞、软式排球、软式橄榄球和滑板等时尚运动项目，同时把时尚的元素转变成健康向上、参与性强、安全有益的教学内容。

③对民族民间传统体育活动项目的传承。根据学校实际情况，用武术、踢毽子等民族民间传统体育活动，来补充和丰富体育与健康的教学内容。特别是将武术作为小学体育的教学内容之一，课堂中儿童主要是学习基本功、基本动作和动作组合，通过"健美课程"儿童可以更深入地了解武术的起源和学习一些高难度的技巧。

三、 创设"健美体育节"，浓郁课程实施氛围

学校为了弘扬体育精神，传播体育文化，营造浓厚的学校体育文化氛围，全面促进儿童素质教育和身心健康，同时体现学校精神风貌，而举办学校的"健美体育节"。通过丰富多彩的体育节活动，提高师生的体育兴趣，调动师生体育锻炼的积极性，增强师生的体育意识，提高师生的体育素养，发扬团队精神，丰富师生的业余生活，促进各班级的交流，增进友谊，形成浓厚的校园体育文化氛围。以点带面提高学校体育运动的整体水平，最终让孩子们拥有健康的体魄和乐观的心态。

"健美体育节"贯穿在全年的体育教育教学工作中，它不是某个时段的体育工作。体育节内容丰富，覆盖儿童面广：学校每天进行大课间活动；每周一下午是全校儿童体能大课间活动时间；每月都会组织校内的班际体育项目竞赛；在每年10—11月期间都会举行学校田径运动会和亲子运动会。

1. 大课间活动

大课间活动是近几年在课间操基础上发展起来的一种崭新的学校运动组织形式。大课间活动时间长，一般为30分钟；活动内容广泛，形式灵活多样。每天上午第一节课下课以后，校园就响起欢快的音乐。全校92个班级首先在教室整队，体育委员带领本班同学，按照规定路线，整齐有序地进入学校操场。入场完毕以后，无论横看，还是竖看，或是斜看，队列全成一条直线，展示了良好的班风、校风、学风。其后进行的是各类操的锻炼，周二、周四是功夫扇、热身操（明日歌）、跑操、柔韧操，周三、周五是热身

操、跑操、柔韧操、放松操。每周一下午的大课间活动，比每天的大课间活动内容更加丰富。

我校体能大课间练习内容见表7-3。

表7-3 体能大课间练习内容

体能大课间练习内容（体能）		
年级	器材	活 动 内 容
一年级	1. 绳梯1条	1. 并脚跳　2. 小步跑　3. 开合跳
	2. 中圈8个	1. 并脚跳　2. "之"字形跑　3. 单双脚跳
	3. 雪糕筒6个	1. 蛇形跑　2. 左右侧滑步　3. 左右移动摸雪糕筒
二年级	1. 绳梯1条	1. 并脚跳　2. 小步跑　3. 开合跳
	2. 瑜伽垫5张	1. 俯撑—平板支撑　2. 仰卧举腿
	3. 中圈8个	1. 并脚跳　2. "之"字形跑　3. 单双脚跳
三年级	1. 绳梯1条	1. 并脚跳　2. 小步跑　3. 开合跳
	2. 瑜伽垫5张	1. 俯撑—平板支撑　2. 仰卧举腿
	3. 雪糕筒8个	1. 蛇形跑　2. 左右侧滑步　3. 左右移动摸雪糕筒
四年级	1. 绳梯1条	1. 并脚跳　2. 小步跑　3. 开合跳
	2. 瑜伽垫5张	1. 俯撑—平板支撑　2. 仰卧举腿
	3. 雪糕筒8个	1. 蛇形跑　2. 左右侧滑步　3. 左右移动摸雪糕筒
五年级	1. 绳梯1条	1. 并脚跳　2. 小步跑　3. 开合跳
	2. 瑜伽垫5张	1. 俯撑—平板支撑　2. 仰卧举腿
	3. 小栏架	1. 并脚跳　2. 高抬腿
六年级	1. 绳梯1条	1. 并脚跳　2. 小步跑　3. 开合跳
	2. 瑜伽垫5张	1. 俯撑—平板支撑　2. 仰卧举腿
	3. 小栏架	1. 并脚跳　2. 高抬腿

2. 每月赛事

为了促使我校体育活动的开展，我校在校内体育竞赛制度上进行了改革，开展了"每月一赛"活动。经过几年的实践，激发了儿童参与体育锻炼的兴趣，参与体育竞赛的儿童更多了。体育科组每个月举行一次体育比赛,每次比赛按年级的不同,有计划地开设不同的竞赛项目(见表7-4)。

表7-4　每月一赛项目安排表

编号	竞赛名称	时间	主办单位	参赛单位
1	校跳绳比赛	3月	怡园小学	一至六年级
2	田径百米飞人大奖赛	4月	怡园小学	一至六年级
3	篮球比赛	5月	怡园小学	一至六年级
4	校广播体操比赛	5月	怡园小学	一至六年级
5	校游泳精英赛	9月	怡园小学	一至六年级
6	迎中秋拔河比赛	9月	怡园小学	三至六年级
7	校田径运动会	10月	怡园小学	一至六年级
8	校足球比赛	11月	怡园小学	三至六年级
9	三棋比赛	1月	怡园小学	一至六年级
10	校羽毛球比赛	12月	怡园小学	羽毛球训练队

3. 田径运动会

学校举办田径运动会,既可以全面检阅学校田径运动的开展情况,检查教学和训练成果,推动全校性体育活动的开展,促进运动技术水平的提高;同时,还可以培养儿童奋发向上、遵守纪律、集体主义和荣誉感等品质,同时振奋师生的精神。我校每年的田径运动会项目有:60米跑、200米跑、400米跑、800米跑、4×100米接力、跳远、跳高。

4. 亲子运动会

亲子运动会是我校专门为一、二年级儿童和家长举办的活动。通过家长与孩子一起参与游戏,促进孩子和父母之间的感情,孩子和父母在快乐的亲子游戏中加强了亲密无间的关系;同时也让家长更加了解学校的办学理念,建立良好的家校沟通的渠道。我校的亲子运动会活动项目有:越野障碍赛、春种秋收、沙包投准、迎面接力、袋鼠跳。

四、 创设"健美社团"，发展运动兴趣

体育运动社团的目标在于培养儿童对体育的兴趣、爱好，增长儿童的知识，提高儿童的技能，丰富儿童的课余文化生活，培养儿童的身体素质，对培养体育人才起着积极推动的作用。

体育社团活动不同于体育课程，它的形式比较自由，组织也比较灵活，活动的时间也可以比较自由。通过体育社团活动培养儿童的体育运动能力，凝聚儿童的团结力，发挥儿童的主体地位；通过组织和开展体育社团活动来培养儿童的创新能力和思维创造力，形成良好的竞争机制，对儿童的心理品质和道德行为的养成有着重要的作用，在这种轻轻松松的学习氛围中儿童以兴趣为主给自己提供了一个自由发展的平台。

我校"健美体育"社团主要分成两大类：一类是专业社团，这类社团的儿童由体育老师根据专项能力选拔出来，参加社团训练，辅导的老师大多是本校的体育老师，或者是聘请到校的专业运动员，例如篮球、足球、田径社团等；一类是非专业的兴趣社团，有该活动项目兴趣爱好的同学，通过第二课堂选课平台参加训练，辅导老师是校内非体育老师，例如跳绳、呼啦圈社团等。

1. "健美体育"专业社团

由于这个类型的社团的辅导老师是专业的体育老师，儿童也经过老师选拔，所以社团成员除了有共同的兴趣爱好之外，他们的体育技能也是比一般同学高，而且有机会代表学校参加区级以上的比赛。因此对他们的要求会高一些，训练的强度会大一些，训练的项目会更规范和更科学。

2. "健美体育"兴趣社团

这个类型的社团，由于辅导老师和儿童都是因为兴趣爱好集中在一起的，所以社团更加需要在趣味上进行深入的研究，儿童在趣味中提高技巧，在趣味中提升体育与健康的核心素养。

综上所述，我校打造的"健美体育"课程，不但促进儿童掌握基本的体育与健康的

知识、技能和方法，而且促进儿童形成良好的品格、向上的精神风貌和健康的生活方式，真正体现体育的教育价值，促进儿童健康、全面发展。

（撰稿人：钟冠青　张滔　周家杰）

第八章

创美科学：让儿童在创新中成长

创新是人工智能时代对教育提出来的挑战。"创美科学"紧贴时代，从儿童的身心出发，把科学的探究作为培养儿童创新能力的重要手段，努力营造一个善思辨、勇探究、重实践、乐创造的学习环境，旨在在孩子稚嫩的心田里播下科学的种子，让儿童在创新中成长。

广州市黄埔区怡园小学科学科组是一支充满活力和创造力的团队。科组共有 4 人，由 1 名市骨干教师和 3 名朝气蓬勃的年轻教师组成。在学校"怡文化"办学思想的统领下，我们精诚合作，不断探索前行，在省、市、区各级优质课、教学技能大赛中获奖。我们本着"立足课堂，以学生为本"的教学信念，注重学生动手实验、创意制作，鼓励他们探索与创新。我校"怡美少年"乐学善学、至知至行，在各项比赛中硕果累累，多次获得国家、省、市级奖项。为充分发挥课程在素质教育中的重要作用，现根据《教育部关于全面深化课程改革 落实立德树人根本任务的意见》《义务教育小学科学课程标准（2017 年版）》等，推进我校科学学科课程建设的探索与实践。

课程哲学 让儿童体验科学的美妙

《义务教育小学科学课程标准（2017 年版）》明确指出：小学科学课程的总目标是培养学生的科学素养，并为他们继续学习、成为合格公民和终身发展奠定良好的基础。

一、学科性质观

基于以上的认识，我们认定小学科学课程的核心是培养学生的科学素养。当今社会的发展、科学技术的更新换代促进了人们生产方式、生活方式和思维方式的变革。科学技术的快速发展对每一位公民的科学素养提出了新的要求。小学科学课程是以培养学生的科学素养为宗旨的科学启蒙课程，对一个人科学素养的形成具有决定性的作用。小学科学课程细心呵护儿童与生俱来的好奇心，培养他们对科学的兴趣和求知欲，引领他们学习与周围世界有关的科学知识，帮助他们体验科学活动的过程和方法，使他们了解科学、技术与社会的关系，乐于与人合作，与环境和谐相处，为后继的科学学习、终身学习和全面发展打下基础。

基于对小学科学课程的认识以及结合我校学生爱思考、敢表达、乐探究的特点，我校将科学学科课程哲学定位为"创美科学"，让儿童在创新中成长。

二、学科课程理念

依据《义务教育小学科学课程标准（2017 年版）》要求，结合科组教师多年来的教学实践，"创美科学"提出了"让儿童在创新中成长"课程理念。在如今国家大力推进、实施素质教育的大背景下，"创美科学"立足于培养学生的创新能力，对学生创新能力的培养是教师义不容辞的责任。创新思维是创新能力的核心。培养是一个长期的过程，我们要在教学过程中关注学生成长，为学生的成长提供一个良好的学习氛围，提升其创新能力与科学素养。

（一）"创美科学"：善思辨

思辨，就是思考辨析，看问题不人云亦云，有自己的独特认识。世界上的万事万物都是在运动、发展、变化之中的。论证一个问题的时候，如果采用静止不变的观点分析，就不可能揭示出它内在的客观规律，甚至违背事理。由表及里，在发展中看待问题，才能把握问题的实质所在，创新思维。在思辨之余，知行之外，就是创新活力：具有基于证据和推理发表自己见解的意识；乐于倾听不同的意见和理解别人的想法，不迷信权威；实事求是，勇于修正与完善自己的观点。要让学生在科学学习中运用批判性思维大胆质疑，善于从不同角度思考问题，追求创新。

（二）"创美科学"：勇探究

科学探究是人们探索和了解自然、获得科学知识的重要方法。以证据为基础，运用各种信息分析和逻辑推理得出结论，公开研究结果，接受质疑，不断更新和深入，是科学探究的主要特点。小学科学课程的学习方式是多种多样的，探究式学习是学生学习科学的重要方式。探究式学习是指在教师的指导、组织和支持下，学生主动参与、动手动脑、积极体验、经历科学探究的过程，以获取科学知识、领悟科学思想、学习科学方法为目的的学习方式。

（三）"创美科学"：重实践

科技创新活动最突出的特点是以实践活动为主要的教育方式，提倡学生自己动手动脑，通过各种实际活动，让他们接触科学和当代较新的科学理念，激发他们对科学技术的兴趣爱好，锻炼他们的品格、意志和能力，从而使他们从小开始进行科学技术研究的尝试，在他们稚嫩的心田里播下科学的种子。

（四）"创美科学"：乐创造

创造并不仅仅是科学家、发明家、艺术家的事，我们每个人都具有创造能力，而且也可能有所发明创造。因此，在教学中我们要鼓励学生积极地去创造，鼓励学生多动手、多思考，敢于放手让学生探索，挖掘学生的创造潜力。我们本着"让每位学生享有发明创造的权利，让每位学生享受发明创造的快乐"的原则，当学生通过亲自动手获得创造性成功后，他们会更加充满信心，更加想要去再一次进行尝试，这就在无形中促使学生产生了创造的萌芽，让学生想要创造、敢于创造，也使学生的创造力得以开发。

总之，"创美科学"课程给学生的创新提供了广阔的空间，满足不同个性学生创造的需要，通过善思辨、勇探究、重实践、乐创造的学习过程，促进学生科学素养的发展，从而让学生走进科学创新的世界。

课程目标　激发儿童探索美好

确立学科课程目标是建构学校小学科学课程体系的基础。为此，我们依据《义务教育小学科学课程标准（2017 年版）》和学校实际确立小学科学课程目标。

一、学科课程总体目标

依据《义务教育小学科学课程标准（2017 年版）》，我校确定科学课程的总目标是：通过科学课程的学习，保持和发展对自然的好奇心和探究热情；了解与认知水平相适应的科学知识；体验科学探究的基本过程，培养良好的学习习惯，发展科学探究能力；发展学习能力、思维能力、实践能力和创新能力，以及用科学语言与他人交流和沟通的能力；形成尊重事实、乐于探究、与他人合作的科学态度；了解科学、技术、社会和环境的关系，具有创新意识、保护环境的意识和社会责任感。"创美科学"课程总体目标分为"科学知识""科学探究""科学态度""科学、技术、社会与环境"四个维度。

二、 学科课程年级目标

根据《义务教育小学科学课程标准（2017 年版）》《义务教育教科书》《义务教育教科书教师教学用书》，结合我校校本课程制定我校每一学年的课程目标，如表 8-1 所示。

表 8-1 怡园小学"创美科学"课程年级目标

目标 / 年级	科学知识	科学探究	科学态度	科学、技术、社会与环境
一年级	观察、描述常见物体的基本特征；辨别生活中常见的材料；知道常见的力。认识周边常见的动物和植物，能简单描述其外部主要特征。	在教师指导下，能从具体现象与事物的观察、比较中提出感兴趣的问题。能依据已有的经验，对问题做出简单猜想。了解科学探究需要制定计划。能利用多种感官或者简单的工具，观察对象的外部形态特征及现象。	能在好奇心的驱使下，对常见的动植物和物质的外在特征、生活中的科学现象、自然现象表现出探究兴趣。能如实讲述事实，当发现事实与自己原有的想法不同时，能尊重事实，养成用事实说话的意识。	了解生活中常见的科技产品及其给人类生活带来的便利。了解人类可以利用科学技术改造自然，让生活环境不断得到改善。
二年级	知道与太阳、月球相关的一些自然现象；知道天气、土壤等对植物和人类生活的影响。认识身边的人工世界；了解常见的工具，知道简单工具的功能和使用方法；利用身边可制作加工的材料和简单工具动手完成简单的任务。	在教师指导下，能用语言初步描述信息。有运用观察与描述、比较与分类等方法得出结论的意识。能简要讲述探究过程与结论，并与同学讨论、交流。具有对探究过程、方法和结果进行反思、评价与改进的意识。	在教师指导下，能围绕一个主题做出猜测，尝试多角度、多方式认识事物。愿意倾听、分享他人的信息；乐于表达、讲述自己的观点；能按要求进行合作探究学习。	了解人类的生活和生产需要从自然界获取资源，同时会产生废弃物，有些垃圾可以回收利用。珍爱生命，保护身边的动植物，意识到保护环境的重要性。

目标 / 年级	科学知识	科学探究	科学态度	科学、技术、社会与环境
三年级	测量、描述物体的特征和材料的性能；描述物体的运动，认识力的作用；了解不同形式的能量。初步了解植物体和动物体的主要组成部分，知道动植物的生命周期；初步了解动物和植物都能产生后代，使其世代相传；能根据有关特征对生物进行简单分类；初步认识人体的主要生命活动。	在教师引导下，能从具体现象与事物的观察、比较中，提出可探究的科学问题。能基于已有经验和所学知识，从现象和事件发生的条件、过程、原因等方面提出假设。能基于所学知识，制定简单的探究计划。能运用感官选择恰当的工具、仪器，观察并描述对象的外部形态特征及现象。	能在好奇心的驱使下，表现出对现象和事件发生的条件、过程、原因等方面的探究兴趣。在科学探究中能以事实为依据，不从众，不轻易相信权威与书本；面对有说服力的证据，能调整自己的观点。	了解科学技术对人类生活方式和思维方式的影响。了解并意识到人类对产品不断改进以适应自己不断增加的需求；了解人类的需求是影响科学技术发展的关键因素。
四年级	知道太阳、地球、月球的运动特征，知道与它们有关的一些自然现象是有规律的；初步了解地球上大气、水、土壤、岩石的基本状况；初步认识大自然为人类生存提供了各种自然资源和能源，以及大自然中的一些自然灾害。	在教师引导下，能用比较科学的词汇、图示符号、统计图表等方式记录整理信息，陈述证据和结果。能依据证据运用分析、比较、推理、概括等方法，分析结果，得出结论。能正确讲述自己的探究过程与结论，能倾听别人的意见，并与之交流。能对自己的探究过程、方法和结果进行反思，做出自我评价与调整。知道人工世界是设计和制造出来的；意识到使用工具可以更加精确、便利、快捷；知道设计包括一系列步骤，完成一项工程设计需要分工与合作，需要考虑很多因素，任何设计都受到一定的条件制约。	乐于尝试运用多种材料、多种思路、多样方法完成科学探究，体会创新的乐趣。能接纳他人的观点，完善自己的探究；能分工协作，进行多人合作的探究学习；乐于为完成探究活动分享彼此的想法，贡献自己的力量。	了解人类的生活和生产可能造成对环境的破坏，具有参与环境保护活动的意识，愿意采取行动保护环境、节约资源。

续表

目标\年级	科学知识	科学探究	科学态度	科学、技术、社会与环境
五年级	初步了解常见的物质的变化；知道不同能量之间的转换。初步认识人体的主要生命活动和人体健康；初步了解动物与植物之间的相互关系；了解生物的生存条件和生物的多样性。	能基于所学的知识，从事物的结构功能、变化及相互关系等角度提出可探究的科学问题和有针对性的假设，并能说明假设的依据。能基于所学的知识，制定比较完整的探究计划，初步具备实验设计的能力和控制变量的意识，并能设计单一变量的实验方案。能基于所学的知识，通过观察、实验、查阅资料、调查、案例分析等方式获取事物的信息。	表现出对事物的结构、功能、变化及相互关系进行科学探究的兴趣。在尊重证据的前提下，坚持正确的观点；当多人观察、实验结果出现不一致时，不急于下结论，而是分析原因，再次观察、实验，以事实为依据做出判断。	了解科学技术可以减少自然灾害对人类生活的影响；了解在科学研究与技术应用中必须考虑伦理和道德的价值取向。了解人类的好奇和社会的需求是科学技术发展的动力，技术的发展和应用影响着社会发展。
六年级	知道太阳系及宇宙中一些星座的基本概况，知道昼夜交替、四季变化分别与地球自转和公转有关；初步了解地球上一些与大气运动、水循环、地壳运动有关的自然现象的成因；认识人类与自然资源和能源的关系，知道地球是人类应当珍惜的家园。了解技术是人们改造周围环境的方法，是人类能力的延伸；了解工程是依据科学原理设计和制造物品、解决技术应用的难题、创造丰富多彩的人工世界的一系列活动；了解科学技术推动着人类社会的发展和文明进程。	能基于所学的知识，用科学语言、概念图、统计图表等方式记录整理信息，表述探究结果。能基于所学的知识，运用分析、比较、推理、概括等方法得出科学探究的结论，判断结论与假设是否一致。能基于所学的知识，采用不同的表述方式，如科学小论文、调查报告等方式，呈现探究的过程与结论；能基于证据质疑并评价别人的探究报告。能对探究活动进行过程性反思，及时调整，并对探究活动进行总结性评价，完善探究报告。	能大胆质疑，从不同视角提出研究思路，采用新的方法、利用新的材料完成探究、设计与制作，培养创新精神。能接受别人的批评意见，反思、调整自己的探究；在进行多人合作时，愿意沟通交流，综合考虑小组各成员的意见，形成集体的观点。	认识到人类、动植物、环境的相互影响和相互依存关系，了解地球上的资源是有限的，人类活动会对环境产生正面和负面的影响，自觉采取行动，保护环境。

总之，我校秉承"创美科学"课程理念，围绕科学课程总目标和年级目标，从"科学知识""科学探究""科学态度""科学、技术、社会与环境"四个方面发展学生的科学习惯、科学方法、科学能力、科学态度及科学精神等五大科学学科核心素养，注重培养学生的创新精神，通过培养学生的科学精神，激发学生的好奇心和求知欲，培养学生的观察力、创新思维，来培养学生的创新能力。

课程坐标　培养儿童创新品质

依据"创美科学"课程基本理念，科组在实施基础课程的同时，聚焦"创美科学"课程目标，开发丰富科学学科的拓展课程，构建相互补充、相互促进的课程体系，适应学生个性发展的需求。

一、学科课程结构

"创美科学"课程的内容依据《义务教育小学科学课程标准（2017 年版）》，以学生能够感知的物质科学、生命科学、地球与宇宙科学、技术与工程中一些比较直观、学生有兴趣参与学习的重要内容为载体，重在培养学生对科学的兴趣、正确的思维方式和学习习惯。秉承学科课程哲学，结合学生发展特点，我们设置了"创美物质""创美生命""创美宇宙""创美工程"四部分内容。

课程结构是课程目标转化为教育成果的纽带，是课程实施活动顺利开展的依据。"创美科学"课程结构是各部分的配合和组织，它是课程体系的骨架。怡园小学"创美科学"课程群结构表述如图 8-1 所示。

（一）创美物质

通过观察和实验，通过简单的测量工具和记录方法，学生感受到物质科学对促进社会进步、提高人类生活质量的重要作用，初步养成乐于观察、注重事实、勇于探索的

图8-1 怡园小学"创美科学"课程群结构图

科学品质。开设"趣味小实验""磁的魔力""知音识趣""化学与生活""形状与结构""趣味物理"等课程。

(二) 创美生命

通过对动物和植物的观察，学生学习观察和简单归类的方法，激发了解和认识自然界的兴趣。开设"植物大观园""动物趣闻""走进大自然""生命留影""生物与环境""趣味生物""生物调查""环境和我们"等课程。

(三) 创美宇宙

通过对比实验、辩证分析和逻辑推理等方法，学生初步认识地球物质不断变化并且互相影响，形成多种自然现象，激发对地球和宇宙的探究热情，发展空间想象、模型思维、逻辑推理等能力。开设"地球家园""月相的变化""太阳的位置""测量气温""气象奇观""地球之旅""探索宇宙""天文观星"等课程。

(四) 创美工程

通过设计和制作一件作品或产品，学生了解设计作品、完成项目的基本过程，体会

"做"的成功和乐趣，并养成通过"动手做"解决问题的习惯。开设"创意手工""创意制作""落纸生花""创意发明""奇思妙想""设计制作保温杯"等课程。

二、学科课程图谱

依据上述四大类，我校根据一到六年级学生的不同年龄特点和知识特点，有针对性地设定不同的主题。怡园小学"创美科学"课程设置如表8-2所示。

表8-2 怡园小学"创美科学"课程群课程设置表

领域 学期 年级		创美物质	创美生命	创美宇宙	创美工程
一年级	上学期	吹泡泡	植物大观园	地球家园	创意手工
	下学期	趣味小实验	动物趣闻	空气搬家	创意制作
二年级	上学期	不同的材料	走进大自然	月相的变化	做一顶帽子
	下学期	磁的魔力	身体的生长	太阳的位置	落纸生花
三年级	上学期	材料分类	生命留影	土壤成分	创意发明
	下学期	水的变化	生命周期	测量气温	奇思妙想
四年级	上学期	知音识趣	身体保卫战	气象奇观	做一个小乐器
	下学期	电火行空	新的生命	考古学家	水果电池
五年级	上学期	光影游戏	生物与环境	地球之旅	设计制作小车
	下学期	化学与生活	趣味生物	遨游太阳系	设计制作保温杯
六年级	上学期	形状与结构	生物调查	探索宇宙	用纸造一座桥
	下学期	趣味物理	环境和我们	天文观星	制作纸火箭

总之，"创美科学"因地制宜地尽可能地为学生提供丰富多样的课程，开发的课程内容灵活机动，既充分挖掘学生的学习潜能，又激发他们的创新热情，课程从多维度、全方位、深层次地让学生想要创造、敢于创造，使其拥有能创新的知识与能力。

课程实施 引导儿童在探索活动中创新

科学学科是一门基础性、实践性和综合性的学科，以培养学生科学素养为核心，培育学生适应新时代发展，奠定学生科学思维方法。小学阶段的学生对周围事物保持高度的好奇心与想象力，学好科学对其后续的深入学习尤为重要。

我校"创美科学"集中体现了科学的创作、创造和创新之美，教师把"三创"融入课堂，渗透到教学环节中。"创美科学"包括"创美物质、创美生命、创美宇宙、创美工程"等内容。通过课堂教学、课外阅读与实践、课外创作和研学等形式让学生学习科学知识，习得科学技能与方法，发展科学思维，提升科学素养，从而落实科学课程目标，体现科学学科的"让儿童在创新中成长"课程理念。

一、打造"创美课堂"，"做中学"引善思

何为创美？"创"即为创作、创造和创新，"创美"让学生在课堂中享受"三创"，实践"三创"。"创美课堂"以实践操作能力的培养为主要内容，以兴趣为起点，以活动为主线，以任务为驱动来设计和开展活动，同时以学生熟悉的日常生活作为切入点，以富有趣味性和挑战性的任务引导学生步入科学的殿堂。在原有的科学课堂文化基础上，学校进行了科学课堂教学文化的重新调整和提升，致力于创设求真求实的"创美课堂"，体现出科学课程的创作、创造和创新之美，进一步明确我校科学学科课堂建设的方向。

1. "创美课堂"着眼科学基础的发展性

科学源于生活，又高于生活，是人类对现象的规律化总结。为了让小学阶段的学生学习本课程，教师应当注意促进"两个发展"。一是促进全体学生的全面发展，体现在教学目标上，教学不仅要完成知识、技能等基础性目标，更要关注学习的发展性目标的形成，即关注学习的过程与方法，形成正确的学习态度、培养正确的价值观和科学思维方法。二是促进全体学生对科学课程的主动性，体现在教学过程中，教师要认真研

究课堂教学策略，激发学生的学习兴趣，促进学生积极主动地学习。主动的学习比被动填鸭式的学习，在学习效果、发展性上效益更佳。

2. "创美课堂"立足科学活动的过程性

基于科学学科性质和《义务教育小学科学课程标准（2017 年版）》对本课程的要求，"创美课堂"要积极发挥学生的主观能动性，从学生熟悉的日常生活出发，使学生通过亲身经历动手动脑的实践活动，在过程中了解科学探究的方法和技能，理解科学知识，提高科学能力。因此，立足于科学活动的过程性，并在科学活动过程中让学生主动生成，是本课程努力落实的。

3. "创美课堂"侧重科学学习的评学性

"创美课堂"是以倡导探究式学习为核心的课堂，突出创设学习环境，为学生提供更多选择学习空间和充分的探究式学习的机会。本课程教学是学生在教师组织和引导下进行有效学习的过程，是师生互动、生生互动共同实现具体发展目标的过程。因科学知识的广泛性和学生个体的差异性，本课程应当侧重"评学"，建立评价学生的学习状态和学习效果的评价体系，在完成基础性评价的基础上，更具化、个性化地评价一堂课每一位学生的学习效果。

4. "创美课堂"延展科学智慧的运用性

科学源于生活，又回归生活，被人类加以利用和发展。小学科学知识的学习，不应只局限于基本知识和技能的学习，更应该培养学生的科学知识迁移能力和科学智慧运用能力，解决生活中小问题、小困难，让学生感受到科学之美，让学生体验到学习的欢乐，让儿童心田的科学种子萌发。

二、建设"创美课程"，丰富科学学习内容

"创美课程"旨在通过学科课程矩阵来确定课程与课程目标、学校育人目标之间的相互对应关系，从生活实际出发，根据学情、师情和校情，将国家课程本土化、校本化，优化课程，以促进"创美课堂"的优质化。"创美课程"通过聚焦目标、构建链条、组合搭配、整合优化四个步骤，构建学科课程群。课程的丰富性是课程群发展的基础。根据我校科学科组师资现状，"创美课程"在建设上，应当夯实基础，搭建平台，仰望高点。

"创美课程"应强化基础，突出应用。教师在教学中自觉向学生宣传和普及科学知识、科学方法、科学思想、科学精神，并贯穿学校教育教学全过程，注重培养学生"探究式学习"的方式，形成科学教育特色的教学风格。

"创美课程"应借助活动，拓展延伸。一是重视对教师的科学教育及校本培训，每年有计划地安排科学教师和科学活动辅导员参加专题性的科学报告等形式的培训。二是重视学生的科学知识的拓展衍生，通过科学活动或科学视频等形式，让学生获取与时俱进的科学新知。

"创美课程"应蓄力待发，专兼结合。建立一支热心科学教育、科学素养高、能认真带领学生开展科学教育活动的专兼职结合的优秀科学辅导员队伍，充分发挥科学辅导员的积极性、创造性，工作有创新、有成果。

三、 开设"创美科学阅读日"，搭建课程实施氛围

科学的知识是日益更新的，为了让学生学到与时俱进的知识，我校创设"创美科学阅读日"来推广科学阅读，补充校内课程，增进学生的知识与能力；同时，搭建浓厚的科学氛围，让学生在阅读中成长、蜕变。

为推广科学阅读，全面提高科学素养，我校积极推广科学书籍的阅读活动，利用每周一日的"阅读日"，开展科学阅读。为了让活动有序、有层次地开展，我校科学教师整理适合各个年级的科学阅读书籍。

学校鼓励充分利用学生自主阅读时间，开展科学类书籍阅读，用好每周一节专题阅读课，有计划地开展科学阅读，指导学生做读书笔记，撰写读后感，结合科学类主题活动开展相关评比活动，不断丰富学生的科学知识，全面提高学生的科学素养。

"创美科学阅读日"是"创美课程"落实的必要手段，应保证"创美科学阅读日"的规范化、优质化，真正促进学生的科学素养的养成。

四、 组织"创美科学社团"，"组内做"强合作

学生社团是学生课外学习的重要组织和形式，随着时代的发展与进步，学生在习

得基础知识与基本方法后,可通过社团学习拓展知识、开阔视野、提升能力。"创美科学社团"作为我校科学课程实施的另一重大阵地,不仅社团种类多样,在实施过程中,也进一步落实我校"创美科学"的理念。

"创美科学社团"的建设以"科学兴趣"为主导,旨在培养学生相应科学领域的兴趣爱好,发展学生的个性特长,为学生提供展示、张扬自我的广阔平台。我校现有"自然观察社团""快乐科学社团""海洋之谜社团",最大程度地拓宽学生的科学视野;同时,这些科学特色社团开展有序,涌现了一批具有科学特长的学生。今后还将进一步优化社团活动,使学生的科学素养能得到全面发展,争取在省、市组织的各类科学竞赛活动中,在教育行政部门组织的科学竞赛中均取得优异成绩。

"创美科学社团"的指导教师应对学生的特长辅导做到长计划、短安排,在新学期初要写出本年度的计划,使社团活动有计划、有目的、有步骤地进行;要切实做好对学生兴趣的培养,使学生的兴趣从无到有,逐步发展,本着学中有乐、乐中求学、学有特长的思想,讲求辅导实效;要坚持育人与辅导相结合、课内与课外相结合、普及与提高相结合,通过社团活动,使学生的实践技能逐步提高。

"创美科学社团"的课程内容要不断丰富和创新,每个学年要有衔接,螺旋式上升。

"创美科学社团"是补充课堂学习的一大重要阵地,因此,"创美科学社团"的评价将重点放在启发学生自主探究能力的培养与考查上,包括问题意识、猜想与假设、实验计划、探究过程、探究结论和表达交流。

五、 开展"创美科学嘉年华","活中动"重实践

在国家课程的基础上,在学生已有的认知水平上,为丰富学生的知识和视野,为提高学生的科学素质,培养学生的动手实践能力,结合我校实际,科学学科开展"创美科学嘉年华",丰富多样的科学活动让学生在活动中学习、在活动中实践、在活动中提高、在活动中起飞。

"创美科学嘉年华"的负责教师认真策划,撰写活动方案,充分考虑各年级学生的实际和预期发展;班级教师积极发动学生,鼓励学生踊跃参与,争取家校配合,以求最佳效果。

在"创美科学嘉年华"活动过程中，师生相互配合，教学相长，促进学生提高科学智慧，提升科学素养。活动结束后，负责教师注意收集活动反馈和进行反思、总结，以求每项活动精益求精，打造品牌科学活动。

六、 开拓"创美研学之旅"，"旅中行"乐创作

研学旅行作为课程，在设计中就要包含课程的基本要素，即理念、目标、内容、实施、评价等。在课程的设计过程中，要基于学生已有的认知经验，有效地联结学生的学科学习，体现对学科知识的综合运用。课程设计中的项目任务要有明确的目标指向和要求，使学生能够在完成任务的过程中，与自然、他人、社会、自我产生多维互动，生成可分享的成果，促进自我的反思。

在"创美研学之旅"开展前，学校根据本校学生的具体情况开发适合研学旅行的资源，可开发 2 个以上的基地，比如自然资源、科技场馆、博物馆等，以保证不同的学年去不同的基地。

"创美研学之旅"的实施主要是学校自主开展，即从组织到课程实施的整个过程均由学校负责，在了解学生具体情况的基础上，有针对性地设计切合学生年段的课程，同时，研学将引入有经验的综合实践活动教师进行组织和指导，有力地保证活动的实效性。

为更好地开展"创美研学之旅"，学校需要建设好研学旅行的师资队伍，选择一些综合素质较高的教师进行相关的理论学习，针对具体的活动目的地设计相应的课程，并在学生活动中进行必要的、及时的指导，同时做好活动前的准备工作和活动中的相关工作，使研学旅行活动真正落到实处。

总之，我们在实践"创美科学"课程的道路上努力为学生营造一个创新的环境，从儿童的心理和生理特征出发，把科学的创作作为培养学生创新能力的重要载体，让开拓进取的"怡美少年"畅游"创美科学"课程，促使他们产生创造萌芽。让"怡美少年"想要创造、敢于创造，也使其创造力得以开发，让儿童在创新中成长，发现创造之美。

（撰稿人：区绮文　冯素婷）

第九章

探美信息： 让儿童在探究中提升信息素养

"探美信息"课程,意在引导儿童在探索实践中感受信息之美。我们的信息技术课程注重引导儿童探究,使儿童在探索中领悟知识的智慧之美,在计算机思维的发展中体验逻辑之美,在互联网的熏陶下品味发现之美,在协作中感受创造之美。本课程让儿童成为学习的主体,从而激发其学习的内驱力。

怡园小学"探美信息"课程团队共有教师成员四人，分别在三个校区中担任着信息技术教学工作。其中，西校区有两位信息技术教师，一名为小学信息技术高级教师、区学科带头人、区中心组成员、区骨干教师，另一名是具有本科学历、踏实肯干、敢于担当的年轻教师；东校区是一名学校骨干、区中心组成员的教师；北校区是一名教学经验丰富、区中心组成员的教师。我校信息技术团队一直以来坚持"青蓝工程"师徒结对活动，发挥各教师的特长，不断构思教学创意，积极参与区、市级的各类比赛，并荣获不少奖项。现根据《广东省义务教育阶段信息技术课程纲要（2015 年版）》等，推进我校信息技术教育学科课程群的建设。

课程哲学　通过计算思维理解世界

一、学科性质观

《广东省义务教育阶段信息技术课程纲要（2015 年版）》指出，义务教育阶段的信息技术课程是以培养孩子信息素养、发展孩子的信息技术能力为主要目标，以实践性、开放性和探究性为特征，以促进孩子全面与持续发展为宗旨的必修课程；本课程应突出体现其基础性与技术性、普及性与发展性、科学性与人文性的和谐统一。结合纲要主旨、我校校本课程理念及孩子学情，我科组认为信息技术课程的性质主要体现在：

① 基础性。随着信息社会的到来，信息技术成为每个孩子必备的基本技能，亦成为支撑其他学科学习的基本手段，是孩子转变学习方式的技术基础。信息技术课程应顺应时代特点，重视孩子的基础知识和基本技能，普及基本信息技术，让孩子能够更有效率地处理学校和生活中的学习问题。

② 探索实践性。义务教育阶段的信息技术课程强调让孩子学会日常学习生活中的探索实践活动所需的信息技术方法和操作技能，孩子在学习过程中既要动脑，也要动手，思考和动手实践是最基本的学习方式。信息技术课程鼓励孩子通过思考与实践

来获取知识技能，从而形成正确有效的学习方法。

③ 应用性。信息技术课程能为孩子的学习、生活服务，满足孩子在日常学习生活中的各种需要，以及支撑其他学科的学习需要；让孩子学以致用，在不同内容和方法的相互交叉、渗透和整合中开阔视野，提高应用能力。

④ 发展性。信息技术的特点在于不断发展进步，且富有活力。信息技术课程有利于孩子适应这种发展变化，培养孩子适应信息技术发展的通用能力，同时也为孩子的后续发展与终身学习打下基础。

基于对信息技术课程的认识以及我校"怡美教育"教育哲学，我们把信息技术课程性质定位为：一门重基础、勤实践、乐探索、善应用、促发展的全面性的学科。

二、 学科课程理念

根据《广东省义务教育阶段信息技术课程纲要（2015 年版）》，结合我校信息技术学科的实际情况，我校将信息技术学科课程哲学定义为"探美信息"，意在让儿童在日常学习中，能够通过对问题的探索领悟知识的智慧之美，在计算机思维发展中体验逻辑之美，在互联网的熏陶下品味发现之美，在交流协作与作品创作中感受创造之美。具体而言：

① "探美信息"让学生在探究实践中促进思维的发展。"探美信息"要面向全体孩子，通过各种活动让孩子感受信息技术对社会生活的影响，培养孩子学习信息技术的兴趣，从而提升孩子的信息技术能力，养成良好的信息素养。此外，教师还应关注孩子在学习信息技术课程方面的个体差异，在孩子达到基本目标的基础上，鼓励孩子个性化发展。

② "探美信息"让学生在探究实践中感受学习的乐趣。"探美信息"课程根据孩子身心发展和信息技术学习的特点而开展教学，关注孩子的个体差异和不同的学习需求，积极倡导自主、合作、探究的学习方式，给孩子提供充分的探究空间，让孩子通过实践活动，体验探究的乐趣，学习科学探究的方法，发展科学探究的能力，形成尊重事实、善于质疑的科学态度，使孩子的信息素养在内驱力学习下得到发展。

③ "探美信息"让学生在探究实践中发现生活的美好。"探美信息"在内容和活

动的编排、组织上充分拓宽了信息技术学习和运用的领域,使孩子在跨学科学习中可以打破学科界限,从整体上建构孩子开放型的知识结构,帮助孩子在发展知识和迁移能力的同时,感受信息技术在生活上带来的明显改善,并练就一双发现美的眼睛。

总之,"探美信息"志在建设信息技术与生活的联系,注重让孩子在探究实践中培养信息素养,感受信息技术日新月异的变化;在信息技术学习中培养孩子发现问题并处理问题的计算机思维,使其感受信息技术之美。

课程目标　融入全新的信息时代

一、 学科课程总体目标

依据《广东省义务教育阶段信息技术课程纲要(2015 年版)》,基于信息技术学科核心素养的内涵,我校"探美信息"提倡"在探究实践中提升儿童信息素养"课程理念,确定信息技术课程的总体目标是:通过对小学信息技术学习,能具备信息技术的基本知识;能积极、正确、有效地应用信息系统,并逐步融入社会的信息活动之中;能掌握信息的获取、管理、加工、表达、交流与评价的技能与方法;能养成良好的信息活动行为习惯,自觉遵守信息社会相关的法律法规与伦理道德。

二、 学科课程年级目标

根据《广东省义务教育阶段信息技术课程纲要(2015 年版)》《义务教育教科书》《义务教育教科书教师教学用书》中指出的小学阶段信息技术的阶段目标,结合我校"探美信息"课程总体目标以及不同年龄段孩子的特点,我校信息科组制定了四至六年级的年级目标。见表 9-1。

表9-1 四至六年级的年级目标表

年级阶段	知识与技能	过程与方法	情感态度与价值观
四年级 （上）	1. 了解信息与信息技术在日常生活和学习中的作用。 2. 了解计算机的主要组成部件及操作使用计算机的行为规范。 3. 能合乎规范地启动和关闭计算机。 4. 了解鼠标的基本结构，能熟练地使用鼠标。 5. 熟悉 Windows 系统的桌面和窗口，能熟练操作 Windows 窗口。 6. 熟练启动、退出画图软件，并能新建、打开、保存画图文件。能描述画图软件的主要功能，并能熟练使用画图软件中的工具创作绘画作品。	1. 能从日常生活、学习中观察、发现、归纳，体验信息与信息技术在日常生活学习中的应用。 2. 能通过窗口的操作、软件的使用等活动，熟练掌握鼠标的操作方法。 3. 能通过画图软件绘制各种图画作品，掌握画图工具的基本操作方法和简单的绘画技术，初步掌握利用计算机画图工具软件绘画图画表达思想的方法。	1. 体验信息和信息技术在日常生活、学习中的应用，提升学习信息技术的兴趣，逐步形成自觉应用信息技术解决身边问题的意识。 2. 养成良好的使用计算机的规范，增强爱护计算机和计算机房设备的意识，形成健康、安全、负责任地使用信息技术的行为习惯。 3. 感受计算机画图软件在绘画创作方面的应用优势，关注广州文化生活的方方面面，体验使用计算机绘画的愉悦和满足。 4. 体验利用网络获取信息的过程，增强遵守网络行为规范的意识，养成尊重他人劳动的好习惯。 5. 体验计算机在学习生活中的应用，逐步形成积极主动学习和使用信息技术、参与信息活动的态度。
四年级 （下）	1. 了解键盘的分区及主要功能，知道键盘的指法分工。 2. 知道正确的打字姿势，掌握正确的指法，能准确输入英文字符、标点符号、数字等。 3. 知道 Windows 记事本、计算器、图片查看器、媒体播放器、录音机等常用附件的功能，并能使用常用附件实现日常学习、娱乐的简单应用。 4. 了解因特网、网站、网址等概念，知道浏览器的作用，能熟练使用浏览器访问网站查找信息，能保存网站中的网页、图片、文字。 5. 了解计算机以文件、文件夹形式储存和管理信息，能熟练应用新建、重命名、删除、移动、复制等操作对文件、文件夹进行管理。 6. 知道文件压缩的作用，能对文件进行压缩和解压缩。	1. 能通过打字软件学习打字等活动，掌握正确的键盘操作方法。 2. 能通过浏览器下载因特网上的资源，掌握网络信息浏览、查找、下载的方法。 3. 能通过计算机欣赏图片、播放音乐与视频、录制声音等活动，掌握操作计算机进行日常学习和娱乐的基本方法。 4. 能通过文件整理的活动，掌握利用文件夹进行计算机信息存储和管理的基本方法。	

年级阶段	知识与技能	过程与方法	情感态度与价值观
五年级（上）	1. 了解 WPS 文字软件的作用及其窗口的组成。能够启动和退出 WPS 文字软件，能新建、打开、保存文档。 2. 能用"微软拼音"输入中文及符号，能熟练切换中英文输入法。 3. 能在 WPS 文字软件中输入文本，并能对其进行编辑修改，掌握字体修饰、段落排版、页面设置、预览、打印等操作。 4. 能在 WPS 文字文档中插入文本框、艺术字图片。 5. 能在 WPS 文字文档中创建表格以及对表格进行简单的编辑和修饰。	能熟练运用 WPS 文字，通过有计划的、合理的文本信息加工进行创造性探索或解决实际问题。	1. 养成良好的指法打字习惯，感受使用 WPS 文字软件输入信息、编辑文档的乐趣。 2. 增强将 WPS 表格运用于日常生活的意识，体验 WPS 表格数据计算、排序与筛选、图表直观呈现数据等特点，感受利用 WPS 表格处理、整理和分析数据的强大功能。 3. 联系生活，整合学科知识，体验信息技术文化内涵，提升和保持学习信息技术的兴趣。 4. 在制作作品的过程中树立与他人沟通交流、互相学习、互相合作的意识。 5. 养成发现问题后积极动手实践、自主探索的学习习惯。
五年级（下）	1. 了解 WPS 表格的功能、特点及其窗口的组成。能够启动和退出 WPS 表格软件，能新建、打开、保存 WPS 表格文档。 2. 知道 WPS 表格行、列和单元格。能在单元格中输入数据并设置单元格的格式。 3. 能使用 WPS 表格对数据进行求和、求平均值的简单计算。能对数据进行简单排序、筛选。知道 WPS 表格中常用图表的作用，并能创建简单图表。 4. 了解电子小报的基本要素及制作电子小报的基本步骤，能制作图文混排的电子小报。 5. 了解电子邮箱，能申请和使用电子邮箱收发电子邮件。 6. 能使用搜索引擎查找资料，并能使用即时通信软件 QQ 和其他同学分享和交流学习成果。	1. 在完成具有实际应用的实例过程中，通过看教材自学、上机实践，掌握用 WPS 表格进行数据统计和创建图表的方法。 2. 通过与同伴分享交流学习成果的过程，掌握申请电子邮箱、收发邮件的方法。 3. 通过上网搜索整理资源的过程，掌握搜索引擎的使用方法。	

年级阶段	知识与技能	过程与方法	情感态度与价值观
六年级（上）	1. 了解多媒体在日常生活和学习中的应用，了解几种常见媒体类型及其采集过程和方法。 2. 认识常用的多媒体工具及作品。 3. 能使用 WPS 演示工具，制作和编辑简单的作品。	1. 经历根据主题要求获取多媒体信息的过程，合乎规范地获取多媒体信息，并能筛选出自己需要的多媒体信息。 2. 经历运用 WPS 演示工具进行简单的多媒体信息加工处理的过程，懂得创造性地表达思想或解决实际问题。	1. 体验多媒体在学习生活中的应用，逐步形成积极主动学习和使用信息技术、参与信息活动的态度。 2. 养成良好的使用计算机的规范，增强爱护计算机和计算机房设备的意识，形成健康、安全、负责任地使用信息技术的行为习惯。 3. 体验用 Scratch 解决问题的过程和特点。
六年级（下）	1. 认识 Scratch 计算机程序语言及其简单应用。 2. 能模仿 Scratch 程序，编写调试类似的应用程序，体验计算机程序的编写过程和特点。	1. 经历用 Scratch 解决简单问题的过程。 2. 能客观地对自己或他人的信息技术学习过程和作品进行反思和评价，发展学习和应用信息技术的能力。	

总之，我校秉承"探美信息"学科课程理念，围绕其制定的课程总目标和年级教学目标，发展孩子的计算机思维等信息技术学科的核心素养，培养具有探索实践精神、动手能力、思维创新及态度严谨的"怡美少年"。

课程坐标 感受多元的信息生活

我校"探美信息"课程框架，依据学校"如歌式课程"体系，分为以国家课程为主体的基础性课程和以校本课程为主体的拓展性课程。基础性课程为所有孩子统一学习的基础课程，具有基础性、普及性和发展性，重在培养孩子的全面素养，培养孩子掌握必备的基础知识和基本技能，为孩子未来生活工作和学习奠定重要的基础。拓展性课程是由孩子根据自己的爱好和需求自主选择的学习内容，主要满足孩子的个性化学习需求，开发和培育孩子的潜能和特长，培养孩子的自我认知和自我发展能力。

一、学科课程结构

《广东省义务教育阶段信息技术课程纲要(2015年版)》在小学阶段中安排了六个部分的课程内容，分别是："感受身边的信息技术""智能系统的简单使用""文字、图片和表格的加工处理""网络获取和交流信息""多媒体的简单应用""计算机程序体验"。依据纲要对六大课程内容的相关要求，结合我校的办学条件和学情，我校在"探美感知""探美系统""探美办公""探美网络""探美媒体""探美程序"六个方面进行课程建设，从而形成信息技术学科"探美信息"的课程系统。详见图9-1。

图9-1 "探美信息"的课程结构图

（一）四年级

1. 探美感知

通过开展有效的课程活动，使孩子感受身边信息的存在及其与人们的密切联系，了解人们在生活中大量使用信息技术的需求。基于此，我校将开设"走进信息""小小设计师""小组 PBL 项目"等课程。

2. 探美系统

通过"你追我赶""考考记忆力""小组 PBL 项目"等活动，让孩子熟悉常用计算机界面术语及操作方法；知道计算系统是以计算机为核心，知道计算机的外观部件名称，懂得计算机硬件、软件的作用。

（二）五年级

1. 探美办公

五年级孩子的自主学习意识和解决问题的能力已经有较为明显的提升。"探美信息"通过活动能使孩子实现日常文字的编辑、美化、排版和打印输出；能根据需要创作加工平面图文作品，制作简单表格并进行版面美化。此阶段我校开设的课程有"小工匠养成记""小报竞赛""小小探险家"等。

2. 探美网络

通过"理财小管家""会计小能手"等活动，培养孩子能通过常见浏览器浏览因特网信息；知道规范、熟练地使用搜索引擎，体验搜索信息的过程；知道浏览器的功能，能保存因特网上的文字、图片和网页，能合乎规范地进行信息的上传、下载，能懂得使用文件夹管理文件资料等。

（三）六年级

1. 探美媒体

对六年级孩子的信息技术学习的要求会更高些。"探美信息"课程致力于使孩子了解几种常见的媒体类型及其采集过程和方法，使孩子学会使用简单的编辑工具并能够制作多媒体作品。此阶段我校将开设"演示有技巧""演讲大师""小组 PBL 项目"等课程。

2. 探美程序

通过"'程序猿'养成记""编程高手"等活动,使孩子认识一种及以上的简单计算机程序语言与其简单应用,体验用计算机程序语言完成计算机程序的过程和特点;使孩子在动手实践的同时形成一定的编程思维,在未来更善于用效率高且简洁的编程思维解决问题。

二、学科课程图谱

我校四到六年级分别开展的课程见表9-2。

表9-2 "探美信息"课程系统表

年级	学期	板块	课 程 内 容		
四年级	上学期	探美感知	走进信息	小小设计师	小组 PBL 项目
	下学期	探美系统	你追我赶	考考记忆力	小组 PBL 项目
五年级	上学期	探美办公	小工匠养成记	小小探险家	小报竞赛
	下学期	探美网络	理财小管家	会计小能手	小组 PBL 项目
六年级	上学期	探美媒体	演示有技巧	演讲大师	小组 PBL 项目
	下学期	探美程序	"程序猿"养成记	编程高手	小组 PBL 项目

三、学科课程设置

除了基础课程之外,我校"探美信息"课程结合"在探究实践中提升儿童信息素养"课程理念,在四至六年级六个学期,开设以下拓展性课程。课程群具体内容设置见表9-3。

表 9‑3　怡园小学"探美信息"课程群具体内容表

年级		课程领域	课程名称	课程要点
四年级	四年级上	基础知识与基本技能	走进信息	1. 初步认识信息技术 2. 知道信息技术在客观世界的发展及应用 3. 建立宏观与微观的信息世界观
		计算机思维	小小设计师	1. 熟练运用"画图"软件的基本功能 2. 建立初步的设计思维 3. 能以目标为导向评价自己和他人作品
		创造思维	小组 PBL 项目	1. 布置绘图任务,通过小组协作,培养合作精神 2. 在交流中能促进技能和审美水平的提高 3. 建立起评价机制
	四年级下	基础知识与基本技能	你追我赶	1. 掌握基本的打字指法 2. 能通过竞赛提高打字速度 3. 学会搜索、保存及浏览网页 4. 会建立及使用文件夹
		计算机思维	考考记忆力	1. 清楚键盘上各个键的作用 2. 实现快速盲打
		创造思维	小组 PBL 项目	1. 完成搜索任务和打字竞赛,通过小组协作与竞争,培养合作精神 2. 在交流中促进技能和审美水平的提高 3. 建立起正确的搜索观
五年级	五年级上	基础知识与基本技能	小工匠养成记	1. 掌握 WPS 文档字块修改设置 2. 掌握 WPS 文档图片修改设置 3. 对文档的布局有一定的整体观,知道如何应用到日常生活中去
		计算机思维	小小探险家	1. 教会孩子在搜索时注意尊重他人的知识产权 2. 学会文档加密,在信息时代提高安全意识
		创造思维	小报竞赛	1. 巩固并应用已学知识 2. 提高动手能力 3. 提升审美能力
	五年级下	基础知识与基本技能	理财小管家	1. 掌握并熟悉 WPS 表格的基本操作 2. 对表格的认识和操作有一定的整体观
		计算机思维	会计小能手	1. 提前感受社会上不同行业的工作情况 2. 学会分类列表,知道如何应用到日常生活中去

年级		课程领域	课程名称	课 程 要 点
六年级		创造思维	小组 PBL 项目	1. 调查每月家庭支出并制作成表格,通过小组协作与竞争,培养合作精神 2. 在交流中促进技能和审美水平的提高 3. 建立正确的调研观
	六年级上	基础知识与基本技能	演示有技巧	1. 掌握并熟悉 WPS 演示的基本操作 2. 对幻灯片的认识和操作有一定的整体观 3. 知道如何将技术应用到日常生活中去
		计算机思维	演讲大师	1. 根据自己的演讲内容有逻辑地设计演示文稿 2. 训练有序、简洁地汇报的能力
		创造思维	小组 PBL 项目	1. 以特定主题合作制作演示文稿,通过小组协作与竞争,培养合作精神 2. 在交流中促进技能和审美水平的提高 3. 建立起正确的调研观
	六年级下	基础知识与基本技能	"程序猿"养成记	1. 掌握并熟悉 Scrach2.0 的基本操作 2. 对编程的认识和操作有一定的整体观 3. 知道如何将编程技术应用到日常生活中去
		计算机思维	编程高手	1. 巩固知识,能根据所学技能与主题做出相应的程序 2. 能设计出逻辑正确、简洁的代码
		创造思维	小组 PBL 项目	1. 以特定主题合作设计程序,通过小组协作与竞争,培养合作精神 2. 在交流中促进技能和审美水平的提高 3. 建立起正确的调研观

总之,我校"探美信息"课程群以"玩中学"为主要特征,让孩子在丰富有趣、形式多样的活动中快乐学习,感受信息技术在生活和学习中的应用,认识信息技术对生活的影响和作用,激发孩子学习信息技术的兴趣及应用信息技术的意识和能力,使其在潜移默化的学习中形成一定的计算机思维和信息素养。

课程实施　展现信息达人的风采

义务教育阶段的信息技术课程应以兴趣为起点，以活动为主线，以任务为驱动。小学阶段要注意以孩子熟悉的活动作为孩子学习的切入点，以富有趣味性和挑战性的任务引导其步入信息科技的殿堂。根据"探美信息"的课程理念、学科性质、课程目标等方面的要求，我校将从"探美课堂、探美课程群、探美信息社团、探美信息赛事、探美信息之旅"这几个方面进行课程实施。

一、 打造"探美课堂"，提升信息课堂的实施效果

基础教育课程改革的核心是课程实施，而课程实施的基本途径是课堂教学。教师在教学过程中应与孩子积极互动、共同发展，要处理好传授知识与培养能力的关系，注重培养孩子的独立性和自主性，引导孩子在质疑、调查、探究、实践中学习，促进孩子在教师指导下主动地、富有个性地学习。"探美课堂"是有别于传统教学模式，致力于激发孩子好奇心和创造力，培养孩子自主意识、责任意识、合作意识、探究能力、解决问题能力，轻松又活跃的课堂教学模式。

教师、孩子、教学环境、教学过程是课堂的重要组成要素。在实施有效的"探美课堂"过程中，我们从四个方面做充分的准备：

① 体现教师的主导地位。"探美课堂"的实施要以教师为主导，教师认真做好备课、备教材、备孩子，研究教材和教学纲要，善于根据课堂需要，使用与之相匹配的教学手段，引导孩子发现问题、解决问题。

② 孩子是课堂的主体。"探美课堂"有别于传统课堂，主要体现在课堂上以孩子为主体。孩子在课堂上主要以自主学习、合作学习的模式，获取新的知识，在学习过程中不断探究、质疑，在解决问题的过程中，建立自信心，养成良好的学习习惯。

③ "探美课堂"需要特定的教学环境。"探美课堂"是一个激发孩子学习兴趣，培

养孩子合作探究能力，轻松又活跃的课堂。因此，在教学环境建设中，应创建一个有利于孩子合作探讨的学习空间条件，教师可通过小组学习建设、帮扶学习模式，提高孩子的学习效率；通过生动的语言、游戏的课堂，活跃课堂气氛，提高孩子的学习积极性和好奇心。

④ 一节高效的课堂要在教学过程中体现。"探美课堂"要在教师的精心准备下，认真落实"课前小练——情境引入——任务驱动——探究学习——巩固练习——交流展示——提升任务——评价"等环节。教师在教学过程中切实关注孩子基础水平和认知特点的差异，实施分层教学，鼓励个性发展。

"探美课堂"通过深入课堂、常态观课、组织新教学方式优质课、制作微课、开展经验分享等活动践行"探美信息"课程理念，提升课堂教学效率。

二、 建设"探美课程群"，完善信息技术课程体系

"探美课程群"是致力于培养孩子信息素养，让孩子通过信息的获取、加工、管理、评价、表达和交流的过程，建立对信息技术的科学认知态度，树立起正确的世界观和价值观，并让孩子能正确地应用其于生活、学习中去的一门综合性强的课程群。

"探美课程群"根据学科师资力量，结合教师自身特长和教学特色，以教材为原点，依据课程纲要设计信息技术学科特色；主要以教师为主导、孩子为主体，以基础性课程为主，结合拓展课程开展的特点，在普及信息技术基础知识的同时，进一步满足孩子的学习需求，拓展孩子的课外技能。"探美课程群"的建设要求为：

① 加强基础学习。在现今信息技术发达的时代，需要向全社会普及信息技术，因此，小学信息技术课程成为了基础性、全面性的课程。我校顺应时代的要求，在"探美课程群"的实施过程中，注重强化孩子的信息技术基础，培养孩子的信息素养，提高孩子运用信息技术解决问题的能力，让孩子感受到科技的发展、时代的进步。

② 鼓励个性化发展，发掘信息技术学习之乐趣。在"探美课程群"建设中，我校将开展各类型的拓展课程、信息技术竞赛、参观学习等，让孩子在打好基础的前提下，不断发展个人特色才能，在学习过程中感受成功，建立个人自信心，体现个人价值。

③ 灵活运用知识，支撑各学科的学习。"探美信息"是一门工具性课程，它能够让

孩子利用所学知识，解决生活中的困难，也可以利用信息技术，支撑其他学科的学习。

三、 组织"探美信息社团"，搭建信息技术展现舞台

学生社团是现代学校建设的重要组成部分。随着课程内容的不断拓展，学生社团已经成为发展孩子自主管理的新型课程，是实施素质教育的重要内容。"探美信息社团"是发挥孩子个性、施展潜能的强大阵地，是丰富孩子独特的成长体验的一个活力社团。

"探美信息社团"的建设以信息技术兴趣为主导，通过培养孩子的兴趣爱好，以发展个性特长为基点，为孩子提供展示自己爱好与技能的广阔舞台，让孩子展现最真实的自己。课程内容有绘图、编程、无线电、机器人、3D打印、创客活动等。通过一系列社团活动锻炼孩子，促进孩子身心发展；培养孩子的竞争意识、合作精神和坚强毅力，并为区、市、省的比赛做好准备；同时丰富孩子的课外知识，尽最大可能地发挥出自己的才智，挖掘自身最大的潜力。

① "探美信息社团"开展团队建设。小社团由兴趣爱好相同的少先队员自发组成。每组有6名以上的孩子，组长由孩子民主选举产生，其余职位和分工由组内推选和安排，有较为明确的分工。完成后报学校德育处批准。

② "探美信息社团"制定社团章程。"探美信息社团"提倡符合社团特色、富于童趣的社团活动。由孩子自己创立社团标志和制定社团活动规则以激发其学习内驱力，让其从心里认可学习，默认遵守大家制定的学习规则。同时，社团会设置响亮的团训，以团员为本，突出社团丰富多彩的活动、积极向上的精神面貌。社团章程中要条目化地明确规定对社团的成员、辅导员的相关职责，活动性质、活动内容等的具体要求。

③ "探美信息社团"组织社团活动。"探美信息社团"有完整的年度活动计划、活动记录、活动总结，有固定的活动时间、活动地点。在开展常规活动的同时，也重视特色活动的推广。

④ "探美信息社团"注重成果展示。在每一次的活动中注意积累各种原始材料（方案、计划、总结、活动图片等），为日后的社团展示活动（如校内、校外的科技节信息技术活动日）提供充分的保障。

⑤ "探美信息社团"有定期的考核奖励。对在社团活动中表现突出的孩子,社团负责人可上报德育处给予该孩子表彰;对活动中表现突出的社团,给予社团负责人表彰。社团在一学期内未举办过活动,则该社团即被取消资格,自动解散。孩子累计有2次以上(含2次)不参加社团活动的,即被取消资格。

四、 开展"探美信息赛事",提高信息技术学习动力

"探美信息赛事"是信息技术每年一度的各种赛事评比,是发展孩子的信息技术特性特长,展示孩子的信息技术风采的重要时刻。

① 打字比赛。每年4月学校组织西、东、北三校区范围内的打字比赛,以班级为单位,每班选出2—3人参与决赛。赛事按人数比例设置一、二、三等奖。

② 编程比赛。学校每年5月组织全校范围内的编程比赛。以班级为单位,每班选出1人参与决赛。赛事按人数比例设置一、二、三等奖。

③ 创客比赛。学校每年12月举办创客比赛,孩子可自己交作品或小论文上来。赛事按人数比例设置一、二、三等奖。

五、 推行"探美信息之旅",丰富信息技术与生活的联系

"探美信息之旅"就是利用一切可以利用的条件为孩子营造浓厚的信息技术学习氛围,让孩子在多元的环境中通过各种渠道感受信息、学习信息,让孩子感到信息技术无处不在、无时不有,在充满真、善、美的环境中丰富见识、健康成长。

陶行知先生的"生活即教育"启发我们:在儿童的生活中其能力的发展是在源源不断的思维、认知、情感、实践中潜移默化形成的。

"探美信息之旅"关注生活,让学生形成信息技术的运用意识。生活是儿童能力发展的源泉,只有将信息技术实践和生活结合起来,信息技术学习才有源头活水,才有施展才华之地。迈开脚步,行走在"信息技术之旅"中,生活的信息技术处处是蓝本、是教材。在关注生活的基础上,信息技术无处不在。

根据以上认识,我们设置了"探美信息之旅"课程,见表9-4。

表9-4 "探美信息之旅"课程活动安排

时间	地点	参与人员	课　　程
5月	广东科学中心	五年级孩子	了解和体验新的信息技术等
10月	励丰文化旗舰园	六年级孩子	体验VR、全息影像技术等

信息技术学科组统一设置各年级进行研学旅行的方案并上报学校,经学校课程委员会批准分批进行集体、小组、亲子活动。

"探美信息之旅"在于培养孩子的态度和能力,进而提高其知识和技能;强调评价的激励性,鼓励孩子发挥自己的个性特长,施展自己的才能,努力形成激励广大孩子积极进取、勇于创新的氛围。

综上所述,我校打造的"探美信息"课程是一个以人为本、注重知行合一、有前瞻意识的课程。在当下及可预测的未来,人们的学习、生活和工作都离不开信息技术,通过学习和体验这些课程,相信孩子们在小学阶段会形成良好的信息素养,也将成为一个拥有基本信息技能的现代人。

（撰稿人：刘嘉欣　柯梅梅）

第十章

行美实践： 在实践中探寻生活之美

"行美实践"是让儿童在实践中探寻生活之美,享受家庭之和谐,品味学校之智趣,浸润社区之文脉,传承民族之精魂,胸怀人类之使命,使儿童的认知开出美的花,行为结出美的果,在实践中涵养价值体认美,践行责任担当美,体验问题解决美,实现创意物化美。

广州市黄埔区怡园小学综合实践活动课程科组，秉持"在实践中探寻生活之美"课程理念，充分发挥学校、社区的合力，在学校"怡文化"引领下，在学校"如歌式课程"规划下，认真开展教研活动，积极参加市、区教育主管部门组织的各类教育科研活动，多次承担了综合实践科的区级公开课，获得了市、区教研员与基层老师们的肯定与好评，在教育科研方面取得了一定成果。近年来，学校深化课堂改革，不断探索课堂新形式，不断提高教师的理论基础。在每一届广州市"乐创空间 我行我秀"活动中，我们的学生都取得优异的成绩；在市、区级教育叙事的征文活动中，我们的老师硕果累累。现依据《中小学综合实践活动课程指导纲要》（2017 年版）等，推进我校综合实践课程建设的探索与实践。

课程哲学　寓于儿童生活的实践

为全面贯彻党的教育方针，坚持教育与生产生活、社会实践相结合，引导学生深入理解和践行社会主义核心价值观，充分发挥中小学综合实践课程在立德树人中的重要作用，我校积极推进综合实践活动课程建设。

一、学科性质观

教育部 2017 年 9 月印发的《中小学综合实践活动课程指导纲要》明确指出：综合实践活动是从学生的真实生活和发展需要出发，从生活情境中发现问题，转化为活动主题，通过探究、服务、制作、体验等方式，培养学生综合素质的跨学科实践性课程。综合实践活动是国家义务教育规定的必修课程，与学科课程并列设置，是基础教育课程体系的重要组成部分。

基于对综合实践活动课程的认识，以及学校、社区的历史文化特点，我校将综合实践课程哲学定位为"行美实践"。"行美实践"是寓于儿童生活的实践，在实践中探寻生活之美。

二、 学科课程理念

《中小学综合实践活动课程指导纲要》(2017年版)指出：综合实践活动课程的课程目标"以培养学生的综合素质为导向"，强调学生综合运用各学科知识，认识、分析和解决现实问题，提升综合素质，着力发展核心素养；课程开发"面向学生的个体生活和社会生活"，引导学生从日常学习生活、社会生活或与大自然的接触中提出具有教育意义的活动主题，使学生获得关于自我、社会、自然的真实体验；课程实施"注重学生主动实践和开放生成"，在实施过程中，随着活动的不断开展与深化，通过教师指导，学生可从实际需要出发，对活动目标与内容、组织与方法、过程与步骤等做出贴合实际的动态调整，使活动不断深化；课程评价"主张多元评价和综合考察"，突出评价对学生的发展价值，提倡多采用质性评价方式，避免将评价简化为分数或等级，要对学生的活动过程和结果进行综合评价，引导学生享受活动的过程，在实践过程中真正收获成长。

著名教育家杜威在《我的教育信条》中说，教育是生活的过程，而不是将来生活的准备。课程的内容要来源于生活，还要归根于生活，甚至就是生活的本身。我校"行美实践"综合实践活动课程面向学生完整的生活世界，注重学生身边的生活，让生活的点点滴滴成为可以实践的内容，让学生从实践中得到真知、真才、真学，而这一点也与我们学校的"怡文化"办学思想相一致。我校"行美实践""综合实践"活动课程，是寓于儿童生活的实践，倡导儿童在生活中实践，在实践中感受生活，探寻生活之美，让儿童享受成长的喜悦。

课程目标　引导儿童走向实践的乐园

一、 学科课程总体目标

依据《中小学综合实践活动课程指导纲要》(2017年版)，我校确定"行美实践"活动课程的总体目标：学生能从个体生活、社会生活及与大自然的接触中获得丰富的实践经验,形成并逐步提升对自然、社会和自我之内在联系的整体认识,具有价值体认、责任担当、问题解决、创意物化等方面的意识和能力。

二、 学科课程年级目标

依据《中小学综合实践活动课程指导纲要》(2017 年版)、各年级综合实践教科书,从"综合素养"这一核心概念出发,我校将"行美实践"一至六年级的课程目标分解制定,如表 10-1 所示。

表 10-1 "行美实践"一至六年级的课程目标分解

领域 年级	价值体认	责任担当	问题解决	创意物化
一年级	1. 通过参加别致而又隆重的开学礼,形成"我是一名小学生了"的认知,产生身份认同感。 2. 通过庄严的少先队入队仪式,形成初步的组织观念,帮助队员明确身份和责任。	"生活自理我能行",从力所能及的自我服劳动做起,学会料理自己的生活,养成自己的事自己做的好习惯。	通过学习习惯调查与分析,自觉养成良好的学习与行为习惯。	学习简单的手工制作,通过动手折纸、纸贴画,掌握纸工的简单技法,初步体验动手操作的乐趣。
二年级	通过访问、观察、实地考察收集生活中的各种标志,初步树立规则意识。	通过集体劳动、服务实践,养成自己的事情自己做、他人的事情帮着做、集体的事情争着做的劳动习惯和优秀品质。	通过访问、观察、实地考察收集生活中的各种标志,提高收集、整理、分析、利用信息的能力。	选择多种材料制作贴画,提高动手操作能力,激发探究兴趣。
三年级	通过庄重的"成童开笔礼",在告别幼童的仪式上懂得知礼感恩,立下远大志向。	通过"寻找身边的小雷锋",设计小组的学雷锋计划,初步树立热爱公益劳动、乐于助人的道德品质。	通过观察身边的动植物,进行小试验,分析研究,了解其自然特征,有所新发现,提高科学探索能力。	了解演示文稿的结构及简单的制作方法,增强信息意识,培养利用数字化工具完成作品设计与创作的能力。

续表

领域 年级	价值体认	责任担当	问题解决	创意物化
四年级	了解各类城市公共设施，知道它们的用途，感受公共设施与人们的生活息息相关。通过了解城市公共设施的发展与变化，激发爱生活、创造美好生活的热情，培养发散思维能力和创新精神。	了解法制的重要性，意识到养成良好的习惯的重要性，明白法律是和我们生活密不可分的，让法律真正融入学习和生活之中，在法律的保护和监督下走好青春第一步。	通过与同学相互交流各自对健康儿童标准的看法，认识到健康的标准，立志要做健康的儿童。通过多样的调查分析活动，获取健康秘诀信息。感受和体验到：要健康就要饮食均衡，保证睡眠和坚持运动。	初步了解一些有关端午节的故事及相关活动，初步感受民风民俗和民族传统文化，激发爱国情感。学习制作小纸粽子，练习正确运用剪刀等简单工具。通过持续的有计划的种植活动，感受田园之乐，体验农耕文化之趣，并在其中培养吃苦耐劳的品质。
五年级	1. 通过考察和调查，了解黄埔军校的地理位置及其重要性。 2. 通过上网或去图书馆，有目的地收集广州古今经济的发展、岭南文化、革命史迹等资料，知道广州的经济、历史、文化基本特色和影响，增强荣誉和使命感，同时了解黄埔军校曾经的贡献，增加对家乡文化的了解。	1. 通过实地考察和调查，从发源地、历史、地域等方面了解珠江对广州市政治、经济等方面的作用。 2. 通过调查研究、资料收集了解珠江的污染情况，初步学会一些资料收集以及写考察纪录的方法。 3. 通过写调查报告，体会保护珠江刻不容缓，激发对母亲河的热爱感情。	通过收集相关的事例，知道网络中的部分信息也会给我们带来不好的影响，增强健康上网的意识。在认识电脑的同时，学会正确地使用电脑，培养健康的利用网络意识，拒绝网上的不良信息。	1. 经历和体验根据自身每天对营养的需求来设计菜谱的过程。 2. 发挥想像力和创造力，在设计制作菜式的活动中形成自己的学习方式和见解。

领域 年级	价值体认	责任担当	问题解决	创意物化
六年级	1. 知道银行的基本知识，包括种类、服务流程等特点。 2. 教师多与家长联系，帮助家长认识学生乱花钱的危害，请家长配合学校，做好艰苦朴素的教育工作。 3. 发动学生们积攒零花钱，开展献爱心活动，支援贫困地区的失学儿童。	积极参与毕业礼活动。运用所学的知识和同学们一起设计、排演节目，培养团队精神。在毕业礼的策划活动中承担一项任务，培养初步的职业意识和合作意识。	1. 认识高温预警信号，了解高温的原因，了解高温对人类生活造成的种种影响，引起关注，激发解决问题的欲望。 2. 了解自己家庭中、父母单位里、身处的城市中哪些行为可以帮助降温。 3. 通过设计理想的居住环境，体会环境对我们的重要性。	通过访问邮局工作人员，了解邮票中蕴含的信息，了解邮票的历史作用和艺术欣赏价值。精美绝伦的邮票并不全部都出自邮票设计家之手，尝试大胆设计甚至通过合法途径申请专利并印刷。在实践活动中培养创作意识和创造力，增强自信心，锻炼与人交往的能力。

总之，我校秉承"行美实践"活动课程理念，围绕综合实践活动课程总目标和年级目标，通过探究、服务、制作、体验等方式，使学生具有价值体认、责任担当、问题解决、创意物化等方面的意识和能力。

课程坐标　体验多元的实践生活

我校"行美实践"活动课程框架依据学校"如歌式课程"规划与体系，分为以国家课程为主体的基础性课程、以校本课程为主体的拓展性课程。基础性课程为所有学生统一学习的基础课程，具有基础性、普及型和发展性，重在培养学生的全面素养，培养学生必备的基本技能，为未来的生活、工作和学习奠定重要的基础。拓展性课程是结合学生个性、学校文化、社区特点后，由学生自主选择的活动内容，主要目的是提升学生的综合素质，以适应快速变化的社会生活、职业世界和个人自主发展的需要，迎接信息时代和知识社会的挑战。

一、学科课程结构

《中小学综合实践活动课程指导纲要》（2017 年版）在各学段中安排了四个部分的课程内容：考察探究、社会服务、设计制作、职业体验。根据上述四大领域，结合我校的历史文化以及学校课程理念，我校在"行美探究、行美服务、行美制作、行美体验"四个方面进行了课程构建，如图 10 - 1 所示。

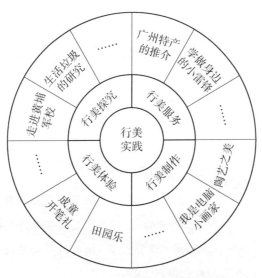

图 10 - 1 "行美实践"课程结构图

（一）行美探究

"行美探究"源于学生自身对于周边生活世界的探究，他们关注什么、热爱什么、想体验什么，教师便相应地展开引导。学生从缤纷自然、万象社会和正在经历的自身生活中选择和确定研究的专题，开展研究性学习，在观察、记录、体验和思考中，主动获取相关知识，分析并解决问题，注重运用实地观察、访谈、实验等方法，形成初步理性思维、批判质疑和勇于探究的精神。

（二）行美服务

社会服务指学生在教师的指导下，走出学校的教室，参与更有意义的社会活动，以自己的劳动服务于社会组织或他人，如参与公益组织、志愿服务、勤工俭学等。"行美服务"强调学生在满足被服务者需要的过程中，也获得自身组织能力或团队协助能力等方面的发展，促进其相关行业知识和社会生存技能的学习，提升全面综合实践能力，成为履职尽责、勇于担当的社会主义新人。

（三）行美制作

"行美制作"指学生运用各种工具、工艺（包括信息技术）进行设计，并动手操作，将自己的所思、所想、设计方案落到实处，转化为物品或作品的过程，学生的科学技术意识、工程思维、动手操作能力等都将得到提升。在活动过程中，鼓励学生手脑并用，灵活掌握、融会贯通各类知识和技巧，提高学生的技术操作水平、知识迁移水平，让学生体验工匠精神。

（四）行美体验

"行美体验"指创造条件让学生在社会实际工作岗位上或模拟情景中体验学习职业角色的过程，使学生了解职业的行业特征，注重让学生获得对职业生活的直观感受，使学生在多次体验中慢慢发现自己可能的专长，培养其对未来可能的职业的初步兴趣，以便使其形成合理的劳动观念和有益的人生志趣，提升未来的职业规划能力和规划幸福人生的能力。

二、学科课程图谱

我校根据学生的不同年龄特点和知识特点，依据上述四大类，在一到六年级针对性地设定了不同的活动主题，开设了多种课程，课程图谱如表 10 - 2 所示。

表 10-2 "行美实践"课程内容概要

内容 年级	行美探究	行美服务	行美制作	行美体验
一年级	1. 神奇的影子 2. 我与水果交朋友	1. 生活自理我能行 2. 学会收拾书包	1. 制作花朵 2. 陶艺之美	1. 入学礼 2. 入队礼
二年级	1. 学习习惯调查 2. 寻找生活中的标志 3. 生活垃圾的研究	1. 争当劳动小能手 2. 我是小小饲养员	1. 制作降落伞 2. 制作贴画	1. 梦想舞台 2. 红领巾心向党
三年级	1. 节约调查与行动 2. 跟着节气去旅行	1. 红领巾爱心义卖活动 2. 学做身边的小雷锋	1. 生活妙点子——新型肥皂 树叶贴画	1. 成童开笔礼 2. 走进博物馆
四年级	1. 我们的传统节日 2. 非遗小传人	1. 我是校园志愿者 2. 我做环保宣传员	1. 我是电脑小画家 2. 合理安排课余生活	1. 茶艺技师 2. 编童话演童话 3. 田园乐
五年级	1. 走进黄埔军校 2. 我看家乡新变化	1. 广州特产的推介 2. 带着问题去研学	1. 学做简单的家常餐 2. 镜头下的美丽世界	1. 红领巾相约中国梦 2. 过我们10岁的生日
六年级	1. 我是校园小主人 2. 我为社区做贡献	1. 做个养绿护绿小能手 2. 参与禁毒宣传活动	1. 走进青春期报刊 2. 演示文稿展成果	1. 创建我们的阅读银行 2. 我是邮票设计师 3. 毕业礼

　　结合我校的发展脉络以及学校课程理念，我校在"行美探究、行美服务、行美制作、行美体验"四个方面进行了课程构建，以期儿童在实践中发展核心素养。

课程实施　引导儿童在实践中成长

　　综合实践活动课程具有自主性、实践性、整合性、开放性、连续性等特点，是培养学生养成正确人生观、价值观和世界观的一门学科。

我校"行美实践"课程以"行美探究、行美服务、行美制作、行美体验"四大领域为主，通过课堂教学、课外活动和社会拓展等方式发展学生的思维，提升学生学习和生活的能力，落实综合实践活动课程目标，体现综合实践活动课程的"在实践中探寻生活之美"课程理念。

一、 打造"行美课堂"，提升综合实践活动课程品质

我校对学校综合实践文化进行整合，聚焦学生学科核心素养，着力打造"行美课堂"，体现开放、合作、丰富、真实四个特征，推动综合实践活动课程课堂建设。

① 开放。"行美课堂"面向的是学生的整个生活世界，关注学生的生活，以促进师生的全面发展为终极目的。学科教学一般是在课堂中进行的教学教育活动，综合实践活动课程的教学地点不仅只满足于课室之内，而是开放的。在"行美课堂"中，作为完整的人，学生可以更多地去接触世界，接触教室外的世界，接触自然界的一草一木。在开放的活动中，学生的体验是有意义的。学生在与社会、学校、自然的开放交流活动中，不断拓展活动的时空和活动的内容，在这个过程中，充满着激情、闪烁着个性的光芒、涌动着灵感。

② 合作。"行美课堂"不仅是师生共同探究知识、关注课程生成和建构的课堂，更是生生之间沟通合作的课堂。合作学习相比个人单独学习，是综合实践活动课堂中更为重要的学习方式，能有效地帮助困难学生，资优学生也能从中获得发展。合作学习最显性的作用是，有效地提高课堂学习的效率，提高学生在课堂中练习的频率，给予充足的实践操练的时间，让每个学生的学习机会均等。某些合作学习的方法，能提高学生的思维品质和思维效果，例如元认知能力。

③ 丰富。自然，社会是丰富多彩的，学生的整个生活世界更是五彩斑斓的。综合实践活动课程就是面向这些，从学生的整个生活世界汲取元素，开展活动，增长学生见识。本课程不仅涉及社会，还包括自我、科技与艺术，从多种方面开阔学生视野，增长学生的知识，丰富学生的生活。

④ 真实。"行美课堂"强调学生是活动的真正主人，教师是学生的平等对话者、沟通者、引导者、活动指导者。在活动过程中，学生和教师都是平等真实地参与到活动

中。学生提出自己感兴趣的主题，进行研究、探讨、交流，老师在一旁指导，而不做过多的干预。师生双方坦诚相待、共同合作、相互尊重、积极探究、不断进取，都能充分享受到教学活动的乐趣，共同实现智慧的生成和生命的升华。

二、 建设"行美课程"，丰富综合实践活动课程内涵

"行美课程"旨在通过学科课程矩阵来确定课程与学校文化相符合，分析课程对教学目标的达成支持度，优化课程体系，构建学科课程群。

《中小学综合实践活动课程纲要》(2017 年版)关于课程规划提出的要求是：中小学校是综合实践活动课程规划的主体，将办学理念、办学特色、培养目标、教学内容等融入其中。本校结合相关的师资力量，倡导教师在国家课程校本化实施的基础上总结经验，设计出符合本校特色的"1＋X"课程群。"1"是学校设置规划的综合实践活动课程，"X"是指学校开展的拓展性课程，是基础性课程的延伸。课程群建设通过建立评估体系来保障其有效实施，"行美课程"应具有以下几项标准：

① 课程哲学内涵丰盈。学科课程哲学指向清晰，应与学校教育哲学保持一致，体现学校的办学理念，并具有其学科特色，内涵丰盈，指向清晰。

② 课程目标指向清晰。学科课程群目标指向应依据学科课程标准及学校育人目标，基于学校实际，目标定位高于学科课程标准。

③ 课程内容丰富多维。学科课程群除规定的国家课程之外，拓展类课程应丰富多彩，以学生需求为主，为学生的全面发展搭建平台。

④ 课程实施科学高效。课程实施方法得当，措施有力，充分体现学生的主体地位，有利于学生兴趣的激发。教师教学效率高，教学效果好。

⑤ 课程评价规范全面。课程评价做到多元、全面。结合过程性评价和终结性评价，发挥评价的诊断和激励功能，对学生的学习情况进行整体评价。

三、 创设"行美礼仪"，浓郁综合实践活动课程氛围

《中小学综合实践活动课程指导纲要》(2017 年版)提出，在进行课程开发时，要面

向学生完整的生活世界，引导学生从日常学习生活、社会生活中提出具有教育意义的活动主题，使学生获得关于自我、社会的真实体验，建立学习与生活的有机联系。基于以上要求，我校开发出了"行美礼仪"系列活动课程，分别是"入学礼""成童开笔礼""毕业礼"，简称"三礼"，为综合实践活动树立精神仪式。

"行美礼仪"以一年级新生的"入学礼"、三年级的"成童开笔礼"、六年级的"毕业礼"活动为载体，使学生在丰富多彩活动中，懂得谨遵礼仪、塑造品格、传承美德。

"入学礼"活动旨在营造浓厚的开学氛围，表示对新一年级学生和新教师的欢迎，使孩子初步了解自己的学校，激发新生热爱学校的情感，让他们能对小学生的身份产生认同感、自豪感，促使他们在学校的大家庭里愉快地学习、生活。活动对象为一年级全体新生，活动时间为开学第一周。活动过程首先是"大手拉小手，走过彩虹桥"，老师们与孩子们手牵手，通过"彩虹桥"入场，象征着孩子们在老师的引领下，跨进人生重要的一步：我已经是一名小学生了，我的人生从这里启航。接着全体新生宣读入学誓言：我是怡园小学的学生，我将铭记校训"怡养正气·园育英才"，发扬学风"乐学善学·互知互行"，立志成为"怡心怡身·至善至美"的怡美少年。然后新生代表发言，表达自己成为一名"怡园人"的喜悦自豪之情，并号召全体一年级新生好好学习，天天向上。最后全体新生在"成长树"上留下手印，一年级新生以班为单位，在各班成长树上摁下手印，预示小树苗终有一天会长成参天大树。

"成童开笔礼"在中国传统文化中，是极为隆重的典礼，对每个读书人来讲有着重要的意义。通过庄严的开笔礼仪式让学生亲历古代学子的启蒙学习仪式，在仪式中接受勤学苦读、尊师孝亲、崇德励志、仁爱处世的中华传统文化精髓，促进自身健康成长。活动对象是怡园小学全体三年级学生，活动时间是每年 9 月 28 日万圣先师孔子的诞辰这一天。活动前学生练习吟唱《三字经》《孔子赞》《诗经·木瓜》，学习三拜礼仪。活动过程首先是正衣冠。衣冠是让我们忆起祖先优秀品德的最好载体，也是让儿童知书明理的第一步骤。接着吟唱经典，行执手礼。学生在吟唱古诗文时，向父母老师行执手礼，感受中华传统文化，懂得感恩知礼。再接着是击鼓鸣志，其寓意为让儿童目明耳聪、茅塞顿开、创业建功。然后是朱砂开智。老师与家长代表为儿童额头正中点上红痣，开"天眼"，寓意着孩子从此眼亮心明，好读书，读好书。最后启蒙描红。学生在老师的指导下书写"敬"字，希望在今后的人生中敬长辈、敬老师、敬畏规则、敬畏自然、敬畏生命。

"毕业礼"旨在通过隆重而有意义的毕业典礼，让学生学会做人、学会学习、学会交往、学会实践；让学生在珍惜、感恩的美好氛围中，开启新的一段人生旅程；充分发挥年级优势，提供展示风采的舞台，达到群策群力，全面育人，全员育人。活动对象是全体六年级学生。活动时间是六年级学生毕业前夕。活动过程首先是校长致辞，肯定六年来同学们取得的成绩，勉励同学们奋发向上，秉承母校的优良传统，将来为校争光。接着各年级精彩纷呈，呈现各具特色的节目汇演。这是一个展示学生才华与创造力的舞台。然后毕业生代表颂师恩。最后毕业生给毕业班的全体老师献花。

我校秉承中华优秀传统文化的精髓，结合"怡心怡身，至善至美"的办学理念，且根据学生的年龄特征，开发的"行美礼仪"的"三礼"活动，已经成为了我校校园文化中浓墨重彩的组成部分。

四、 开展"行美探究"，促进学生提高劳动技术素养

劳动技术的发展水平一定程度上反映了整个社会的综合发展水平，在基础教育阶段，劳动技术课程让小学生通过教师的引导，在自主活动或者与他人合作中，在设计、制作、使用与维修等一系列劳动体验和实际探究的技术活动过程中学习技术知识。"行美探究"便是让学生掌握劳动技能，增强劳动意识，提高劳动技术素养的一类活动课程。培养工匠精神，就要从小学做起，让学生在基础教育中感受劳动、收获技能。

"行美探究"总目标是"会动手、能设计、爱劳动"，提高学生的劳动技术素养，培养未来的大国工匠。

五、 组织"行美研学"，激发生的综合实践活动课程兴趣

研学旅行是由学校根据区域特色、学生年龄特点和各学科教学内容需要，组织学生通过集体旅行、集中食宿的方式走出校园，在与平常不同的环境中拓展视野、丰富知识，加深与祖国壮美山川和深厚文化的亲近感，增加对集体生活方式和社会公共道德的体验。我校利用暑假时间开展"行美研学"，让学生真正做到"读万卷书，行万里路"。

"行美研学"主要在高年级开展，地点一般都设置在省外。我校五年级开展过两次"研学旅行"活动，分别以"怡园少年、智行天下"和"怡行天下、至知至行"为活动主题。孩子们走出家门、走出校园、走向大自然，在与平常不同的生活中拓展视野、丰富知识，加深与自然和文化的亲近感，增加对集体生活方式和社会公共道德的体验，提升自理能力、创新能力和实践能力。

① 规范的小组合作制度。在研学旅行活动前，我校会请相关专家对学生进行培训，尤其是小组制的培训；确定好每一个小组的成员、组长以及相关的责任制老师。

② 鲜明的合作制度。一是有名称：每一个小组都需要为自己的小组起名字，这个小组名字需是积极向上，代表怡园学子风采的。二是有标志：每个小组都需要由学生设计相关的标志。这个标志能够充分鼓舞士气，反映出大家的希望与愿望。三是有口号：除了本次活动的宗旨，每个小组还需要有自己的小组口号，这个口号在活动中能够激昂斗志。四是有要求：研学活动前，学校会设定好相关的规章制度，并且会让学生做好研学旅行的准备工作，从而使活动有目的、有计划。

③ 丰富的研学活动。活动不仅要有完整合理的旅行规划设计也要有丰富的活动内容，从知识型的活动到动手实践型的各种活动。每天都要求学生记录下当天的活动。动手方面，让学生学会做当地美食和使用当地的一些小乐器。我们还让学生回归自然，下池塘捉鱼，捉完鱼走街串巷卖鱼。每天晚上对今天一天的活动进行反思。内容形式可谓是多种多样。

④ 多样的成果展示。在研学旅行结束回来后，我们会组织学生和家长进行成果汇报活动，在舞台上以"道情"的特殊形式向家长和老师们汇报这几天的收获。

（撰稿人：方怀　曾琰倩　邓颖平）

后 记

2019 年是新中国成立 70 周年，也是我们怡园小学建校 30 周年。在岁末各项工作收官之际，我们的这本凝聚集体智慧的结晶、体现课程建设的成果《丰富学习经历：如歌式课程的愿景与深度》，终于定稿并将付梓。这是我们学校课程建设团队和全体编委人员共同呈现的一件作品，也是我们向建校 30 周年的一份献礼。

课程是学校开展教育教学活动的主要载体，深化课程改革是落实立德树人根本任务的重要举措。近几年来，怡园小学结合教育发展新形势、新要求，切实加强学校文化建设和课程建设，积极贯彻立德树人根本任务。我们确立"文化引领、品牌拓展"的办学思路，在传承中进一步发展，确立"怡文化"办学思想和"怡心怡身，至善至美"办学理念，提出以"身心健康、品行优良、才智多元、审美高雅"为核心素养，培养具有"黄埔精神、家国情怀、国际视野"的"怡美少年"，让师生在充满爱和智慧的校园里共同成长。与学校文化建设同步，我们结成课程建设团队，在课程专家的引领指导下，提出"怡美教育"哲学和"生命如歌，追梦美好"课程理念，致力于构建"如歌式课程"体系，聚焦学校育人目标和学生成长核心素养，建立"健康园""品行园""审美园""才智园"四个课程板块，形成以国家课程为主体的基础性课程和以校本课程为特色的拓展性课程。我们加强"怡美学科"建设，各学科遵从学生发展特点，遵循学科课程标准，生发出"成美品德""醇美语文""智美数学""卓美英语""韵美音乐""悦美美术""健美体育""创美科学""探美信息""行美实践"等十个学科课程群，旨在开发丰富多彩的课程，开展丰富多样的活动，不断丰富儿童的学习经历，不断丰富儿童的生命内涵。

感谢上海市教育科学研究院杨四耕老师与广州市黄埔区教师发展中心陈镔老师，两年多来他们为我校品质课程建设和教师专业成长给予无微不至的专业支持、指导和帮助。感谢我校课程建设团队和参与文稿撰写的每一位老师，是你们辛勤付出、坚持不懈，是你们相互切磋、彼此鼓励，是大家共同创造了这份来之不易的阶段性成果，在此也期待着大家继续努力！

"道阻且长，行则将至。"在课程建设的轨道上，还有很长的路要走，我们选择坚定前行，终能达到"怡心怡身，至善至美"的境界。

广州市黄埔区怡园小学校长

袁超

2019 年 12 月 30 日

| 教学诠释学 | 978 - 7 - 5760 - 0394 - 9 | 42.00 | 2020 年 9 月 |

原点教学：提升区域育人质量的策略研究

| | 978 - 7 - 5760 - 0212 - 6 | 56.00 | 2020 年 8 月 |
| 聚焦学科核心素养的课堂教学 | 978 - 7 - 5675 - 8455 - 6 | 36.00 | 2018 年 11 月 |

指向学科核心素养的课堂教学范式

| | 978 - 7 - 5675 - 8671 - 0 | 54.00 | 2019 年 6 月 |

学校课程发展丛书

数学学科课程群	978 - 7 - 5675 - 9445 - 6	58.00	2019 年 8 月
科学学科课程群	978 - 7 - 5675 - 9593 - 4	34.00	2019 年 9 月
核心素养与课程设计	978 - 7 - 5675 - 9462 - 3	46.00	2019 年 9 月
语文学科课程群	978 - 7 - 5675 - 9441 - 8	56.00	2019 年 9 月
品牌培育与学校课程	978 - 7 - 5675 - 9372 - 5	39.00	2019 年 9 月
英语学科课程群	978 - 7 - 5675 - 9575 - 0	39.00	2019 年 10 月
体艺学科课程群	978 - 7 - 5675 - 9594 - 1	34.00	2019 年 10 月
跨学科课程的 20 个创意设计	978 - 7 - 5675 - 9576 - 7	34.00	2019 年 10 月
学校课程与文化变革	978 - 7 - 5675 - 9343 - 5	52.00	2019 年 10 月

品质课程实验研究丛书

学校课程框架的建构：HOME 课程的旨趣与架构

| | 978 - 7 - 5675 - 9167 - 7 | 36.00 | 2019 年 9 月 |

聚焦育人目标的课程设计：红棉花季课程的愿景与追求

| | 978 - 7 - 5675 - 9233 - 9 | 39.00 | 2019 年 10 月 |

核心素养导向的课程设计：花园式课程的文化与聚焦

| | 978 - 7 - 5675 - 9037 - 3 | 48.00 | 2019 年 10 月 |

学校课程文化的实践脉络：百步梯课程的逻辑与架构

| | 978 - 7 - 5675 - 9140 - 0 | 48.00 | 2019 年 11 月 |

学校课程发展策略：SMILE 课程的逻辑与深度

| | 978 - 7 - 5675 - 9302 - 2 | 46.00 | 2019 年 12 月 |

聚焦内涵发展的课程探究：芳香式课程的理念与实施

| | 978 - 7 - 5675 - 9509 - 5 | 48.00 | 2020 年 1 月 |

以儿童为中心的课程：欢乐谷课程的旨趣与维度

| | 978 - 7 - 5675 - 9489 - 0 | 45.00 | 2020 年 1 月 |

学校课程体系的建构："小螺号课程"的架构与创生

| | 978 - 7 - 5760 - 0445 - 8 | 45.00 | 2020 年 9 月 |

特色学校聚焦丛书

每一个孩子都是一棵树	978 - 7 - 5675 - 6978 - 2	28.00	2018 年 1 月
教育不是一个人的事："众教育"36 条			
	978 - 7 - 5675 - 7649 - 0	32.00	2018 年 8 月
不一样的生命，一样的精彩	978 - 7 - 5675 - 8675 - 8	34.00	2019 年 3 月
童味正醇：特色学校的文化图谱	978 - 7 - 5675 - 8944 - 5	39.00	2019 年 8 月
特色普通高中课程建设探索	978 - 7 - 5675 - 9574 - 3	34.00	2019 年 10 月
儿童是天生的探索者：360°科学启蒙教育			
	978 - 7 - 5675 - 9273 - 5	36.00	2020 年 2 月
做精神灿烂的教师：教师自我成长的 5 个密码			
	978 - 7 - 5760 - 0367 - 3	34.00	2020 年 7 月
让教育温暖而芬芳	978 - 7 - 5760 - 0537 - 0	36.00	2020 年 9 月

跨学科课程丛书

大情境课程：主题设计与创意评价

                    978 - 7 - 5760 - 0210 - 2   44.00   2020 年 5 月

社会参与素养的培育模型与干预机制

                    978 - 7 - 5760 - 0211 - 9   36.00   2020 年 5 月

大概念课程：幼儿园特色主题活动设计

                    978 - 7 - 5760 - 0656 - 8   52.00   2020 年 8 月

核心素养导向的课堂教学丛书

漾着诗性智慧的课堂教学   978 - 7 - 5675 - 9308 - 4   39.00   2019 年 7 月

转识成智的课堂教学：核心素养导向的历史教学

                    978 - 7 - 5760 - 0164 - 8   40.00   2020 年 5 月

学导式教学：学会学习的教学范式

                    978 - 7 - 5760 - 0278 - 2   42.00   2020 年 7 月

特色课程建设丛书

教师，生长的课程   978 - 7 - 5760 - 0609 - 4   34.00   2020 年 12 月

学校课程发展的实践范式   978 - 7 - 5760 - 0717 - 6   46.00   2020 年 12 月

丰富学习经历：如歌式课程的愿景与深度

                    978 - 7 - 5760 - 0785 - 5   42.00   2020 年 12 月